Schriftenreihe
des Arbeitskreises für Regionalgeschichte Bodensee e.V.
Nummer 12

Konstanz 2014

Arnulf Moser

DIE NAPOLA REICHENAU

Von der Heil- und Pflegeanstalt zur nationalsozialistischen Eliteerziehung (1941 - 1945)

Arbeitskreis für Regionalgeschichte Bodensee e.V.
2014

Bibliografische Information der Deutschen Nationalbibliothek
Die Deutsche Nationalbibliothek verzeichnet diese Publikation in der Deutschen Nationalbibliografie; detaillierte bibliografische Daten sind im Internet über http://dnb.dnb.de abrufbar.

Umschlaggestaltung: Sebastian Zang
Fotos, Abbildungen 2014 neu gescannt und montiert von Elias Gorre
 Druck der 3. Aufl.: BoD GmbH Norderstedt

3. überarbeitete Auflage 2024 der 1997 im Arbeitskreis für Regionalgeschichte Bodensee e.V. erschienenen Erstauflage

HARTUNG-GORRE VERLAG
KONSTANZ

ISBN 978-3-86628-501-9

Inhalt

Vorwort

Klassentreffen in langem Abstand von der Schulzeit haben ihre eigene Atmosphäre, ihre eigene Fröhlichkeit des "Weißt Du noch, damals?". Die Familie nimmt Anteil, während unbeteiligte Zuschauer allenfalls nachsichtig lächeln können.

Es gibt aber auch Klassentreffen, die mit besonderer Diskretion ablaufen, man möchte keine Öffentlichkeit, keine Zuschauer. Dazu gehören sicher auch Klassentreffen ehemaliger Schüler der Nationalpolitischen Erziehungsanstalten (NPEA, Napola), der Elite- und Ausleseschulen des Dritten Reiches. Man befürchtet, in die rechte Ecke gedrängt zu werden, als rechtsradikaler Klüngel dargestellt zu werden. Die "FAZ" hat am 2.11.1985 ein solches Klassentreffen der Napola Plön beschrieben, einschließlich der Schwierigkeiten, einen Altschüler für ein Interview zu gewinnen.

Die Napola-Schüler sind schwer in das gängige Täter/Opfer-Schema des Dritten Reiches einzuordnen. Täter sind sie nicht gewesen, sie sind allenfalls noch Soldaten geworden. Sie sollten einmal Täter werden, und zwar in den höchsten Positionen. Großes war ihnen, den Lehrlingen der Macht, versprochen worden, und viel wurde von ihnen verlangt. Doch Karriere auf der Grundlage ihrer Erziehung konnten einige von ihnen erst in der Bundesrepublik machen. Als Nazi-Täter galten sie kurz im Herbst 1945, als man sie nicht in die neuen demokratischen Schulen hineinlassen wollte. Kann man sie deshalb als Opfer bezeichnen? Als Opfer werden sich wohl nur diejenigen sehen, die schon damals unter dem Internatsdrill dieser Schulen gelitten haben, doch das ist offensichtlich eine Minderheit. Kann man die übrigen als Opfer, als Verführte bezeichnen, weil sie von einer besonderen, totalen Erziehung geprägt wurden, die sie vielleicht selber wieder weitergegeben haben, wie dies eine neuere Untersuchung aufzeigt? Die meisten sehen sich aber auch in diesem Sinne nicht als Opfer.

Im Herbst 1994 fand ein solches Klassentreffen auf dem Gelände des Psychiatrischen Landeskrankenhauses Reichenau bei Konstanz statt, in dem von 1941 bis 1945 eine Nationalpolitische Erziehungsanstalt eingerichtet war. Nun kann heute jeder nach Belieben durch die öffentlichen Anlagen zwischen den zahlreichen Gebäuden spazieren. Doch was ist, wenn die Ehemaligen bei dieser Gelegenheit die Gebäude wieder betreten wollen, in denen sie damals untergebracht waren und in denen heute wieder Patienten behandelt werden? Kann man bei diesem nostalgischen Begehren einfach darüber hinwegsehen, daß in diesen Gebäuden schon vor der Napola Patienten untergebracht waren, die auf einmal verschwunden waren, weil sie umgebracht worden waren? Das ist nicht die Schuld dieser Napola-Schüler, aber es ist der unmittelbare Bezug zur Entstehung ihrer Schule, wie zu zeigen sein wird.

Diese besondere Problematik war der Auslöser, sich einmal näher mit der Geschichte dieser Napola zu befassen. Das hieß nicht nur, Akten und Dokumente zu finden, sondern vor allem auch, mit ehemaligen Schülern ins Gespräch zu kommen. Den Einstieg brachte eine Anzeige vom 21. Dezember 1994 im Konstanzer "Südkurier", und ich danke allen ehemaligen Schülern, Lehrern, Angestellten dieser Schule, die mir mündlich oder schriftlich Auskünfte erteilt, die mir Fotos und andere Dokumente zur Verfügung gestellt haben.

Eine erste Zusammenfassung der Ergebnisse erschien im Sommer 1996 in der Zeitschrift "Badische Heimat". Deren Text habe ich den Informanten zur Verfügung gestellt und konnte so ihre Reaktionen und Korrekturen noch verwerten.

Der Gemeindeverwaltung Reichenau danke ich für die Unterstützung bei der Herstellung der Druckvorlage, die Frau Beatrix Elsässer mit sicherer Hand geschrieben hat.

Dies + Das

Napola

Wer war 1941 - 45 Schüler der Napola Reichenau, Kolmarberg oder Hegne und kann darüber berichten? Dr. Arnulf Moser, Allmannsdorferstr. 68, 78464 Konstanz, Tel. 0 75 31/6 75 34

Napola-Zug beim Marsch durch das Schulgelände

1. Allgemeines

Am 10. Dezember 1940 hielt Hitler in Berlin vor den Rüstungsarbeitern der Borsig-Werke eine Rede, in der er zum ersten und einzigen Male auch die Nationalpolitischen Erziehungsanstalten (Napolas, NPEA) erwähnte:

"Wir haben unzählige Schulen, Nationalpolitische Erziehungsanstalten und Adolf-Hitler-Schulen usw. In diese Schulen holen wir die talentierten Kinder herein, die Kinder unserer breiten Masse, Arbeitersöhne, Bauernsöhne, deren Eltern es niemals bezahlen könnten, daß ihre Kinder ein höheres Studium mitmachen. Die kommen hier allmählich herein und werden hier weitergebildet, und sie werden später einmal in den Staat hineingeführt, kommen in die Ordensburgen und in die Partei. Sie werden einmal die höchsten Stellen einnehmen, wir haben hier große Möglichkeiten, diesen Staat so ganz von unten her aufzubauen. Das ist unser Ziel, und das ist auch - das kann ich Ihnen sagen, meine Volksgenossen - unsere ganze Lebensfreude. Es ist etwas Herrliches, für ein solches Ideal kämpfen zu können. Es ist so wunderbar, daß wir uns sagen dürfen: Wir haben ein fast phantastisch anmutendes Ziel, uns schwebt ein Staat vor, bei dem in Zukunft jede Stelle vom fähigsten Sohn unseres Volkes besetzt sein soll, ganz gleichgültig, wo er herkommt. Ein Staat, in dem die Geburt gar nichts ist und Leistung und Können alles!" [1)]

Diese Sätze Hitlers waren der öffentliche Startschuß für eine Welle von Neugründungen von Napolas im Jahre 1941, zu denen auch Reichenau, d.h. die ehemalige Heil- und Pflegeanstalt, gehört. Was verbirgt sich hinter dieser mysteriösen Bezeichnung, dieser Abkürzung Napola oder damals NPEA? Entstanden sind sie 1933, ihr Vorläufer waren die preußischen Kadettenanstalten, die durch den Versailler Vertrag verboten wurden. Sie wurden als "Staatliche Bildungsanstalten" in Preußen fortgeführt und dienten vor allem zur Unterbringung von Kriegswaisen, Kindern von Kriegsversehrten und für Deutsche aus abgetretenen Gebieten. Die ersten Napolas (Plön, Köslin, Potsdam) wurden am 19. April 1933, d.h. zu Hitlers Geburtstag, durch den Reichskommissar und danach preußischen und Reichsminister für Wissenschaft, Erziehung und Volksbildung Bernhard Rust eingerichtet. Ihre Zahl stieg in Preußen bis 1935 auf 11 Internatsschulen an. Eine gesetzliche Grundlage gab es nicht, die Funktionen waren lange unklar. Ein einheitliches Konzept bestand zunächst auch nicht, so daß der anfängliche Andrang bald wieder nachließ. Neben den Bewerbungen der Eltern wurden Vorschläge der Schulbehörden bzw. die Musterungsfahrten der Napolaerzieher immer wichtiger. Innerhalb des preußischen Ministeriums wurde eine Inspektion der Napolas bzw. eine Landesverwaltung der NPEAs eingerichtet.

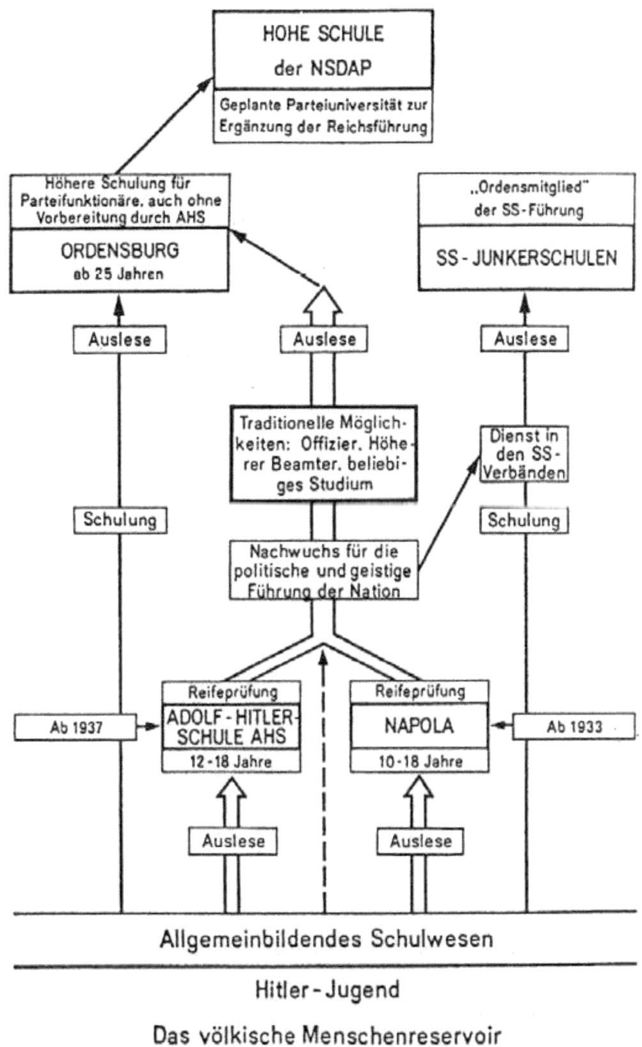
HOHE SCHULE
der NSDAP
Geplante Parteiuniversität zur
Ergänzung der Reichsführung
Höhere Schulung für
Parteifunktionäre, auch ohne
Vorbereitung durch AHS
ORDENSBURG
ab 25 Jahren
„Ordensmitglied"
der SS-Führung
SS-JUNKERSCHULEN
Auslese
Auslese
Auslese
Traditionelle Möglichkeiten: Offizier, Höherer Beamter, beliebiges Studium
Dienst in den SS-Verbänden
Schulung
Schulung
Nachwuchs für die
politische und geistige
Führung der Nation
Reifeprüfung
ADOLF-HITLER-
SCHULE AHS
12-18 Jahre
Reifeprüfung
NAPOLA
10-18 Jahre
Ab 1937
Ab 1933
Auslese
Auslese
Allgemeinbildendes Schulwesen
Hitler-Jugend
Das völkische Menschenreservoir

Die Aufgabe der Schule war die Nachwuchssicherung für Führungspositionen, neben der Schulbildung standen Wehrsport, Geländespiel, Musisches und Weltanschauung auf ihrem Programm. Lehrer und Schüler waren uniformiert, wobei die Schüleruniform nicht mit der der HJ identisch war. Die Schulen waren autoritär strukturiert, die Klassen hießen Züge, die Schüler Jungmannen, die Lehrer Erzieher. Diese hatten Ränge wir Zugführer und Hundertschaftsführer. Auch ältere Schüler hatten Ordnungsfunktionen. Der Anstaltsleiter unterrichtete selber nicht, war gar nicht unbedingt Lehrer. Unter den ersten Schuldirektoren sind auch "Alte Kämpfer" aus SA und SS. Den Schulbetrieb leitete ein anderer Lehrer. Außerhalb Preußens gründeten lediglich Anhalt, Sachsen und Württemberg (Backnang 1934, Rottweil 1936) eigene Napolas, so daß die regionale Verteilung höchst ungleichmäßig war. Diese Schulen außerhalb Preußens unterstanden in ihrem Schulprogramm den Länderverwaltungen, was die Unterschiede nur noch vergrößerte. Freiburg bemühte sich ab 1936 ohne Erfolg um eine Napola. Sie sollte ein Gegengewicht zu den katholischen Internaten und Konvikten der Bischofsstadt bilden. Im Jahre 1936 übernahm ein SS-General, Obergruppenführer August Heißmeyer, das Amt des Inspekteurs für die Napolas. Sie wurden aber dadurch keine Einrichtung der SS, sondern blieben stets Staatsschulen, im Gegensatz zu den konkurrierenden Adolf-Hitler-Schulen, bei denen der Einfluß von Parteiorganisationen, nämlich Deutsche Jugendführung und Deutsche Arbeitsfront, sehr viel größer war. Heißmeyers Parolen hießen "Ehre ist Zwang genug", "Glauben, Gehorchen und Kämpfen", "Mehr sein als scheinen" (Moltke), "Lebensbehauptung ist höchstes Lebensgebot", "Männer machen die Geschichte. Und wir machen die Männer". Zu seinen ersten Projekten gehörte Ende 1936 die Umwandlung der

Schloßschule Salem in eine Napola, doch trat dies erst bei Kriegsende in ein konkretes Stadium.

Die Schulen orientierten sich ab 1937/38 in ihrem Lehrplan an der achtjährigen Deutschen Oberschule. Zum Unterricht kamen hinzu Auslandsfahrten, auch Auslandsaufenthalte einzelner Schüler, Wander- und Skifahrten, Arbeitseinsätze in der Landwirtschaft und im Bergwerk, HJ-Dienst, lokale und überregionale Sport- und Felddienstwettkämpfe. In voll ausgebauten Napolas konnten die Schüler den Motorrad-Führerschein oder den Reiterschein oder Segelschein oder Segelfliegerschein erwerben. Vor dem Krieg verglich man sich gerne mit den englischen Eliteschulen. Von einer Bewerberflut in den Jahren vor Kriegsausbruch kann man aber nicht sprechen. Die Schulen hatten eher einen Ruf als "Sportgymnasium", das Bildungsbürgertum schickte seine Kinder nicht auf eine Napola.

Im Krieg nahm der Einfluß der SS zu, aber auch die vormilitärische Ausbildung in Richtung auf eine spätere Offizierslaufbahn, doch waren die Absolventen der Napolas nicht auf die Waffen-SS oder bestimmte Waffengattungen festgelegt, auch wenn deren Werbung stetig zunahm. Auch in der Berufs- und Studienwahl blieben die Napola-Absolventen stets frei. [2)]

Zwischen einer Bewerbung und einer endgültigen Aufnahme in eine Napola lagen mehrere Hürden. Zunächst eine Aufnahmeprüfung, die eine Woche dauerte. Geprüft wurden die Schulfächer, die sportlich-körperliche Leistungsfähigkeit, und schließlich wurden im Laufe dieser Woche Mutproben verlangt. Der Kandidat wurde etwa in eine Keilerei verwickelt, bei der sein Verhalten getestet wurde, oder es gab einen nächtlichen Überfall auf den Schlafsaal, oder jemand sagte auf einmal "Spring mal auf das Pferd da", auch wenn der Bewerber noch nie auf einem Pferd gesessen hatte. Auch die soziale Anpassung an eine Gruppe und die musischen Interessen spielten eine Rolle.

Ein Rottweiler Bewerber für den 3. Zug (7. Klasse) beschreibt seine Aufnahmeprüfung so: "Am Mittwoch, den 5. Mai 1943, meldete ich mich zur Aufnahmeprüfung bei der NPEA Rottweil.

Mit dem gleichen Zug, mit dem ich gekommen bin, sind noch einige andere Jungmannanwärter gekommen. Nachdem wir uns auf dem Dienstzimmer angemeldet hatten, wurden wir gleich in die einzelnen Gruppen verteilt. Ich kam zu Gruppe 5, welche der Jungmann Rott führte. Am ersten Tag war nichts Besonderes, der Jungmanngruppenführer zeigte uns den Fallenbau und die Spindordnung. An den folgenden Tagen ging es schon etwas lebhafter zu; wir hatten Leichtathletik, Rechnen, Englisch usw.

Am Samstag, den 8. Mai, gingen wir mit Gruppe 6 zusammen auf Fahrt, wobei wir das Donautal kennenlernten. Besonders gut gefiel mit bei der Fahrt die Erkletterung des Stiegelefelsens.

Am Dienstag hatten wir zum Abschluß einen Kameradschaftsabend. Anschließend war Appell, alle Jungmannanwärter mußten gruppenweise antreten. Alles war in gespannter Erwartung, als der Anstaltsleiter kam und bekanntgab, wer aufgenommen wird. Mein Name wurde auch verlesen, und ich freute mich sehr, daß ich die Prüfung bestanden hatte." Die Mutprobe war hier also das Klettern, geprüft wurden aber auch Ordnungstugenden und Gemeinschaftsverhalten.[3)] An die bestandene Aufnahmeprüfung schloß sich eine halbjährige Probezeit an. Und was vor allem zu dem elitären Charakter der Napolas beigetragen haben dürfte, ist die Regelung, daß es keine Repetenten gab. D.h., wer in einem Bereich zu schwach war, mußte wieder gehen. Dies bedeutete auch einen starken Druck auf die Schüler, wenn sie nicht in eine Versagerrolle gedrängt werden wollten.

Geplant war nun 1941, daß von da an jedes Jahr zehn neue Napolas begründet werden sollten, auch um den Nachwuchs an Offizieren für Wehrmacht und Waffen-SS zu sichern. Doch wurde diese Zahl nur in diesem Jahr eingehalten, im folgenden Jahr waren es nur vier, 1943 und 1944 nur noch je eine Neugründung. Überwiegend lagen die neuen Schulen in besetzten Gebieten, also zur "Stärkung des deutschen Volkstums", z.B. im Elsaß, in Holland, Luxemburg und Slowenien, am Rande des Reichs oder aber gezielt in stark katholischen Regionen wie etwa dem Saarland. Einige wenige Napolas für Mädchen wurden jetzt in Österreich, Holland und Luxemburg geschaffen.[4)]

Gebäude gab es genug, sei es kirchliche Einrichtungen oder aber Heil- und Pflegeanstalten, die nach den Euthanasieaktionen requiriert wurden. Alle Neugründungen im deutschen Südwesten tragen diesen Makel, ihren Standort der Räumung von Heilanstalten oder gar der Tötung von Geisteskranken zu verdanken, nämlich Reichenau, Illenau bei Achern und Rufach im Elsaß. Nach einer Statistik von Anfang 1942 wurden bis Ende 1941 über 90.000 Psychiatriebetten einer anderen Verwendung zugeführt, davon 30.000 für Reservelazarette. Für Napolas wurden 870 Betten verwendet. Bei einer Besprechung zwischen Heißmeyer, Gauleiter Murr und Ministerpräsident Mergenthaler wurde im Dezember 1940 auch die Frage nach weiteren Napolas in Württemberg erörtert. Und wieder kamen Heil- und Pflegeanstalten ins Gespräch. Weißenau bei Ravensburg schied aber aus, weil dort bereits Rüstungsarbeiter untergebracht waren, Weinsberg blieb offen, und für die Umwandlung des Klosters Beuron war die Zeit "noch nicht reif", d.h., es blieb letztlich in Württemberg bei Backnang und Rottweil. Offensichtlich ging es in Süddeutschland also nicht um Krankenbetten für Verwundete aus dem kommenden Krieg gegen die Sowjetunion, sondern die Selektion der Schwachen sollte durch die Selektion der Elite abgelöst werden, und zwar an der gleichen Stätte.[5)]

In Rufach für Jungen und Achern/Illenau für Mädchen wurden im Herbst 1940 zunächst Schulen für Kinder aus Südtirol, deren Eltern für Deutschland optiert hatten, eingerichtet, sogenannte "Reichsschulen für Volksdeutsche", die dem Reichskommissar zur Festigung des deutschen Volkstums, also Himmler, unterstanden. In Rufach waren zunächst 400 Südtiroler Jungen, in Illenau 400 bis 500 Südtiroler Mädchen untergebracht. An beiden Orten wurden im Frühjahr 1941 auch noch Napolas gegründet, in die auch Bewerber aus der Region aufgenommen wurden, wie etwa die Mitteilungen in der Konstanzer "Bodensee-Rundschau" zeigen. In Rufach erwartete man 1941 noch weitere Schüler aus Südtirol, aus Bessarabien, der Bukowina und, nach dem Endsieg, gar Deutsche aus Südamerika. Die Resonanz im Elsaß selber war ziemlich gering. Schulleiter in Rufach wurde für beide Schulen der bisherige Unterrichtsleiter von Schulpforta bei Naumburg, einem Traditionsinternat, das ebenfalls in eine Napola umgewandelt worden war. Betreut wurde die Napola Rufach aber von der Napola Backnang. Der Fall Rufach liegt etwas anders als Reichenau oder Illenau. Die Anstalt mit 48 Gebäuden für 2000 Patienten war 1908 in der deutschen Reichslandzeit angelegt worden. Bei Ausbruch des 2. Weltkrieges verlegten die Franzosen die Patienten in Anstalten in Mittel- und Südwestfrankreich, und die Deutschen nahmen sie nach der Besetzung

Frankreichs 1940 selbstverständlich nicht zurück. Diese Patienten überlebten zwar die deutsche Ideologie, doch verhungerten in Frankreich zwischen 1940 und 1945 an die 40.000 Anstaltsinsassen, ohne gezieltes Programm und ohne gezielte Verantwortlichkeit.

Im Schuljahr 1941/42 hatte Rufach in der Reichsschule noch etwa 150 und in der Napola bereits 100 Schüler, im Jahr darauf in der Napola bereits 160 Schüler. In Illenau waren 1941/42 in der Reichsschule 94, in der Napola aber nur 25 Schülerinnen. Im folgenden Schuljahr erscheint die Napola Achern/Illenau gar nicht mehr in der offiziellen Schulstatistik, es gab nur noch "Nationalpolitische Auslesezüge für Mädel der Reichsschule Achern." In Illenau wurden 1942/43 auch etwa 40 polnische Mädchen untergebracht, die man zur "Eindeutschung" oder "Aufnordung" nach Deutschland verschleppt hatte. Der Vergleich Schule/Anstalt klingt in Rufach so: "Man muß immer wieder staunen, wie großartig alles für die Irren eingerichtet war. Wie armselig sind dagegen bisweilen gesunde Schulkinder im Unterricht untergebracht!" In Reichenau klingen diese Vergleiche dann makabrer. [6)]

Durch einen Staatsakt in Backnang am 22. April 1941 wurden sämtliche Napolas in Deutschland zu Reichsschulen erklärt und dem Reichsministerium für Wissenschaft, Erziehung und Volksbildung unterstellt, was den Württembergern gar nicht schmeckte. Ein Rottweiler Lehrer hat diesen Schritt später so dargestellt: "Später wurden wir dem Reich unterstellt; der Inspekteur der Anstalten sorgte für unsere Übernahme in die SS-sie ging ziemlich automatisch, nach dem Plan der SS, möglichst viel Intelligenz anzuheuern. Allerdings paßten wir uns Schritt für Schritt dem etwas militärischen Habitus der preußischen ehemaligen Kadettenanstalten an, blieben aber mit einem guten Tropfen des schwäbischen demokratischen Öls gesalbt." (W.L.) Die Feier, bei der Reichsminister Rust sprach, wurde im Rundfunk übertragen. Heißmeyer veröffentlichte im Stuttgarter "NS-Kurier" vom Vortag eine Beschreibung der Ziele der Napolas unter dem Titel "Erziehung zur soldatischen Moral". Danach handelte es sich um eine "echte, allseitige Erziehung begabten Nachwuchses, der nicht nur die eigene Bildung, sondern die eigene Lebensgemeinschaft weiterträgt." Von einer mehr wissensmäßigen Bildung gelangt die Napola zu "einer möglichst alle menschlichen Kräfte umfassenden Gesamterziehung in einer festgefügten Gemeinschaft, die als politische Erziehung im tiefen Sinne dieses Wortes stets typenprägende und mannschaftsformende Erziehung mit der Kraft echter Lebensgeborgenheit ist".[7)] Bei Kriegsende bestanden 36 Napolas, die sehr ungleichmäßig über das Reich und die besetzten Gebiete gestreut lagen. Ihre finanzielle Ausstattung war besser als die der Oberschulen. Im Jahre 1942 stellten die Napolas 1,5% der deutschen Abiturienten. 6091 Jungmannen besuchten in diesem Jahr eine Napola. Zu den Schülern einer Napola oder einer Adolf-Hitler-Schule gehörten der Schauspieler Hardy Krüger, der Journalist Theo Sommer, der General Günter Kießling, der Diplomat Rüdiger von Wechmar, der Bankier Alfred Herrhausen und in der DDR der Politiker Werner Lamberz, in den 70er Jahren "Kronprinz" von Erich Honecker.[8)]

Die Napola hat nach dem Krieg in dem Roman "Le Roi des Aulnes" des französischen Schriftstellers Michel Tournier einen literarischen Niederschlag gefunden (Paris 1970. Deutsch: Der Erlkönig, Hamburg 1982). Der Held des Romans, Abel Tiffauges, ein Ungeheuer, ein Oger, wird 1939 in Frankreich Soldat und gerät 1940 in deutsche Kriegsgefangenschaft. Zuerst wird er in einem Moorlager in Ostpreußen eingesetzt, dann in Görings Jagdgebiet Rominten und schließlich ab 1943 in einer ostpreußischen Napola, die Burg Kaltenborn heißt und über 400 Jungmannen beherbergt (Kapitel V: Der Oger von Kaltenborn). Der Roman wurde 1995/96 unter dem Titel "Der Unhold" von Volker Schlöndorff verfilmt. Als Kulisse der Napola dient die Marienburg in Ostpreußen.[9)]

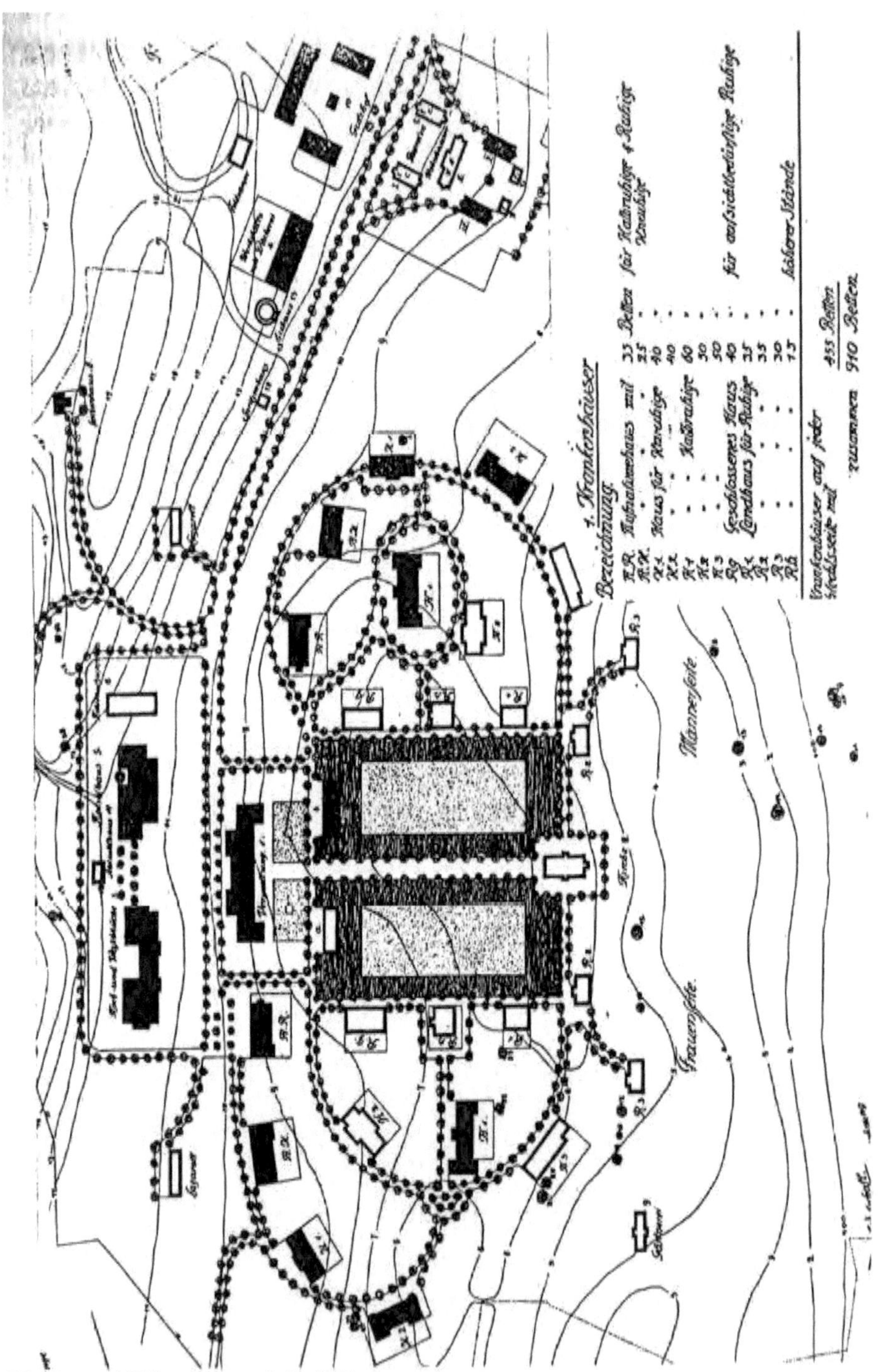

Heil- und Pflegeanstalt bei Konstanz
Lageplan 1921

2. Die Gründung der Napola Reichenau

Die Napola Reichenau ist eine Filiale der Napola Rottweil. Das Prinzip der Filialgründung und -betreuung wurde auch anderswo praktiziert. Der Anstaltsleiter (Alei) von Rottweil, Dr. Max Hoffmann, Jahrgang 1903, war ein Jahr Lehrer (Erzieher) in Backnang, bevor er 1936 im Alter von 33 Jahren Direktor der neuen Napola Rottweil wurde. Im Frühjahr 1940 meldete er sich freiwillig für den Krieg und kam für vier Monate zur Ausbildung bei der Leibstandarte SS "Adolf Hitler" nach Berlin. Hoffmann wußte bereits im September 1940, daß die Napolas ausgebaut werden sollten und gerade in Süddeutschland Neugründungen geplant waren. Er war beteiligt, als es darum ging, im besetzten Elsaß Standorte auszusuchen. Diese Fahrt muß eher enttäuschend verlaufen sein, denn Hoffmann berichtete in der Zeitschrift der Rottweiler Napola "Im Gleichschritt" vom September 1940: "Dieses heißumkämpfte Land ist schon seines landwirtschaftlichen und wirtschaftlichen Reichtums wegen wert, jahrhundertelang erkämpft zu werden, wenn auch die Haltung der Bevölkerung, die ja immer nach den Kriegen zu den Siegern gehörte, dadurch im Laufe der Zeit eine sehr materialistische wurde, und die Aufgabe, aus den volksdeutschen Elsässern deutsche Nationalsozialisten zu machen, wird nach der jüdisch-demokratischen und konfessionellen Verhetzung der letzten Jahrzehnte keine leichte sein. Aber wird freuten uns, da und dort Männer zu treffen, die voll guten Willens sind und auch bei der Aufbauarbeit mit am rechten Ende anpacken."

Den Reichenauer Ärzten war die geplante Auflösung der Anstalt bereits im Herbst 1940 bekannt, der Direktor wurde zum 1. Januar 1941 an das badische Innenministerium versetzt. Die letzten Verhandlungen zwischen der Inspektion der Napolas, dem Reichsfinanzministerium und dem badischen Innenministerium wurden im Januar und Februar 1941 geführt. Das Land Baden trat Gebäude und Liegenschaften kostenlos an das Reich ab, das die laufenden Kosten ab April übernahm. Die Anstaltswäsche und die Bibliothek gingen an die Freiburger Universitätskliniken, kirchliche Geräte gegen Bezahlung an die beiden Kirchen. Ausgenommen von der Vereinbarung blieben die Beamtenhäuser auf Wollmatinger Gemarkung. Bei der Übergabe wurde auch der Verkaufswert der Heil- und Pflegeanstalt ermittelt. Die Gebäude hatten einen Wert von 4.336.300 RM, die Grundstücke in Egg, Wollmatingen und vor allem auf Gemarkung Reichenau mit zusammen 844.874 qm einen Wert von 1.689.748 RM. Mit den Heizkanälen im Wert von 800.000 RM kam man auf eine Gesamtsumme von 6.826.048 RM. Der schriftliche Vertrag zwischen dem badischen Innenministerium und dem Reichsministerium für Wissenschaft, Erziehung und Volksbildung wurde aber erst Ende 1941 fixiert. Den Gemeinden des Landkreises teilte das Landratsamt die Auflösung der Anstalt am 18. Februar mit. Die Heil- und Pflegeanstalt, 1913 gegründet und für 600 bis 800 Patienten ausgebaut, wurde am 20. März erst endgültig geräumt. Der letzte Transport Richtung Wiesloch und Hadamar, also zur Tötung, ging am 21. Februar ab, insgesamt sind 508 Patienten dieser Anstalt ums Leben gekommen. Die letzten Überlebenden wurden nach Emmendingen verlegt.[10)]

Eröffnet wurde die Napola Reichenau am 2. April mit einer feierlichen Flaggenhissung durch Direktor Hoffmann. Anschließend legte er am Ehrenmal für die im 1. Weltkrieg gefallenen

Beamten und Angestellten der ehemaligen Heil- und Pflegeanstalt ("Wir starben, daß du lebst, Vaterland. Weltkrieg 1914-1918") einen Kranz nieder. Am Abend fand im Festsaal ein Kameradschaftsabend statt, zu dem alle Ärzte, Beamten und Angestellten eingeladen waren. Hier hielt Hoffmann eine längere Rede, in der er sinngemäß sagte, "daß die Anstalt bisher der Pflege des Kranken gedient, ja daß sie in der Betreuung vieler unheilbarer Kranker sozusagen im Dienste des Todes gestanden habe. Nun aber mache die Anstalt ihre Tore auf dem Leben, der gesunden und ausgewählten Jugend unseres Volkes. Das Opfer, das die bisherigen Insassen der Anstalt bringen mußten, um der Jugend Platz zu machen, ist damit ein zutiefst sinnvolles, Leben und Zukunft unseres Volkes förderndes Opfer, das auch wir voll würdigen". Man kann dies als Menschenverachtung bezeichnen oder eben als Mission, diesem Ort "lebensunwerten Lebens" eine neue höhere Weihe zu geben. Die Napola-Schüler aus Rottweil, die nachmittags schon ein Fest für die Kinder des Anstaltspersonals organisiert hatten, gestalteten den zweiten Teil des Kameradschaftsabends mit Liedern und lustigen Aufführungen, was den Übergang von der Heilanstalt zur Napola auch nicht besser macht. Die "Bodensee-Rundschau" berichtete am 25. April über die Gründung und nannte als Ziel der Schule die "Erziehung und Ausbildung körperlich und geistig gesunder und auserlesener deutscher Jugend" und die "Sicherung eines tüchtigen Nachwuchses für den Aufbau und Ausbau des Großdeutschen Reiches".

Bei diesen Schülern handelte es sich um den 4. Zug (8. Klasse) aus Rottweil, der zunächst nach Rufach geschickt worden war, um dort die Napola miteinrichten zu helfen. Der Napola-Jungmann Klaus E. erinnerte sich später an Rufach: "Ja, da war also die Infrastruktur noch nicht auf unsere Belange eingerichtet.

Wir mußten da sehr viel aufräumen. Und in einer Heil- und Pflegeanstalt aufräumen, das ist nicht schön, das kann ich Ihnen sagen. Also das war unheimlich, viel Verdrecktes und Verpißtes, aber wir haben uns drangestellt und gearbeitet. Dann durfte ja auch andererseits nichts kaputtgehen, da waren Roßhaarmatratzen, da mußte das Roßhaar gerettet werden. Dann haben wir die Roßhaarmatratzen aufgeschnitten, haben das alles auseinandergezupft, dieses Dreckzeug. Dann war bei der Anstalt ein großes Gut dabei, das von den Patienten ja bearbeitet worden war. Nun waren die Patienten nicht mehr da, jetzt mußten wir das machen..."[11)] Mit dieser Einstellung und dem gleichen Auftrag kamen diese Schüler dann nach Reichenau, außerdem auch noch der 3. Zug (7. Klasse) aus Rottweil. Ob die Schüler mehr über die Begleitumstände der Auflösung der Anstalten wußten, ist fraglich. Die Lehrer wußten natürlich Bescheid. Einer hatte sich bei dem von der Napola übernommenen Anstaltspersonal genau nach den Euthanasieaktionen erkundigt und hielt später seinen Eindruck so fest: "Da diese Aktion bekanntgeworden war, spielten sich nach den ersten Transporten schreckliche Szenen ab, welche die Pfleger (und uns nachträglich) schockierten. Dabei fiel mit jedoch auf, daß trotz dieser einheitlichen Ablehnung des Verfahrens eine Reihe von Pflegern nicht in Bausch und Bogen gegen begrenzte Maßnahmen Stellung nahmen, und ich glaube nicht, daß sie gerade mich anlogen; denn daß wir Erzieher alle dieses Vorgehen als höchst fragwürdig und tadelnswert betrachteten, merkten sie sehr schnell. Ihre Stellung war etwa folgende: die Frage bleibt, ob man Menschen, an denen nichts Menschliches zu entdecken ist, unter allen Umständen am Leben erhalten muß..." (W.L.).

Ein Schüler des 5. Zuges (9. Klasse), der zum Gästetag im Sommer 1941 von Rottweil nach Reichenau kam und auch danach

Direktor Dr. Max Hoffmann (1903-1997)

Die Lehrer der Napola Reichenau mit Ehefrauen bei einer Silvesterfeier. Links die Krankenschwester der Napola.

nur zu kurzen Besuchen da war, rekonstruierte die Schülersicht 50 Jahre später so: "Wohin man die Kranken geschafft hatte, um für die neue Napo Platz zu schaffen, fragte damals niemand. Vielleicht stand der Komplex ohnehin leer. Die Euthanasie hatte wohl einige Zusammenlegungen zur Folge gehabt. Aber von diesem Euthanasie-Programm wußte er damals nicht. Hätte er doch davon erfahren, so hätte er vermutlich gebilligt, daß man unheilbar Kranke, die gar nicht fähig waren, am Leben teilzunehmen, eingeschläfert hat... Aber all dies war für die Jungmannen der NPEA kein Thema." [12)]

Nach Berichten der Schüler wurden sie in dieser Anfangszeit vor allem in den Gärten und im Gutshof eingesetzt. Auch den Feuerwehrdienst mußten die Schüler selber übernehmen, wobei sie sich über den badischen Feuerwehrmann mokierten, der ihnen Vorträge über die Gefahr von "Spinnepoppele-Explosionen" (Staubexplosionen) hielt. Sogar einen Teil der Sommerferien verbrachten diese Klassen im Ernteeinsatz auf Reichenau. Die symmetrische Anlage der Anstalt hatte ursprünglich eine Frauenseite im Westen, die jetzt B-Seite hieß (Gebäude B1 - B8) und eine Männerseite im Ostteil, jetzt A-Seite genannt (Gebäude A1 - A8), die von der Napola hauptsächlich benutzt wurde. Die ersten Lehrer wurden ebenfalls von Rottweil nach Reichenau versetzt. Die Leitung des Unterrichtsbetriebes übernahm der Lehrer (Hundertschaftsführer) Schlichenmaier, der aus Salem kam und später auch in Rottweil diese Funktion ausübte. Der Schuljahresanfang wurde 1941 in Deutschland von Ostern auf den Herbst verlegt. Die Prominenz kam zur Besichtigung der neuen Napola, im Mai Inspekteur Heißmeyer und sein Stellvertreter Calliebe sowie die Reichsfrauenführerin Frau Scholtz-Klink, im Juli Reichsminister Bernhard Rust.

Putzdienst

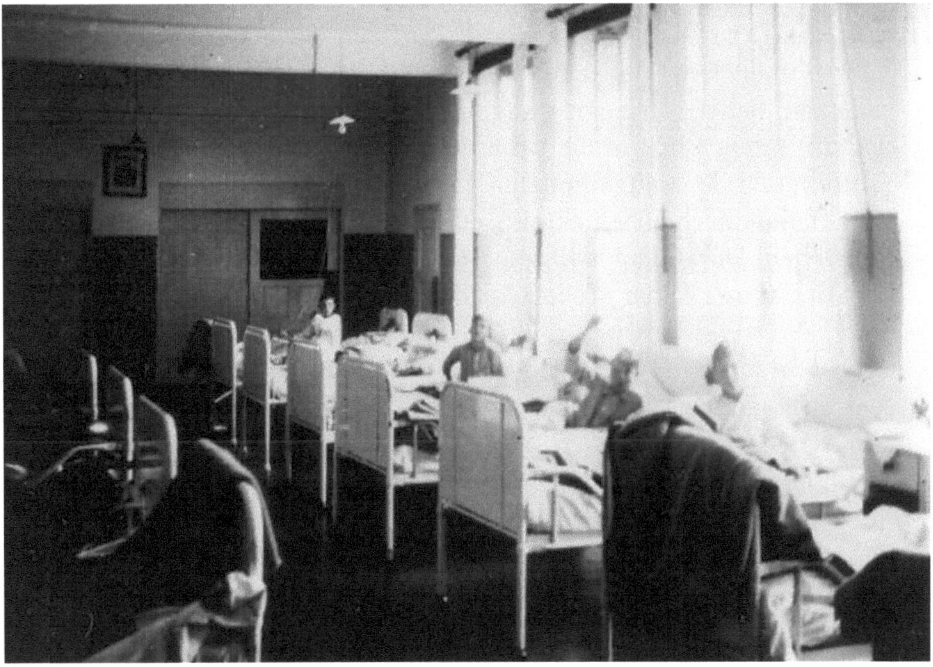

Schlafsaal

Bereits im April hatte Hoffmann eine Besprechung mit dem Reichsbauamt Konstanz, das jetzt statt des Bezirksbauamtes zuständig war. Er plante für das laufende Jahr Umbauten im Wert von 100.000 RM und weitere für 1942. Ob außer der Einrichtung einer Turnhalle und von Sportanlagen im Freien davon etwas verwirklicht wurde, ist nicht bekannt. Die Turnhalle war etwas provisorisch in einem Gebäude der Männerseite eingerichtet, die Schießbahn befand sich in der Nähe des Anstaltsfriedhofs.

Was die Lage anbelangt, so entsprach die Napola Reichenau sicher mehr als Backnang oder Rottweil den Idealforderungen der Napola-Pädagogen: "Darum müssen die nationalpolitischen Erziehungsanstalten dort stehen, wo der Blick täglich und stündlich in die Weite schweift, wo die Ferne lockt und verspricht und das Land zur Gestaltung ruft. Auf den Ausläufern des Gebirges über dem Tieflande, auf Bergeshöhe mit weitem Rundblick, an beherrschenden Punkten in großen Talungen, auf Hügeln mit dem Blick in die Grenzenlosigkeit des Meeres oder als Mittelpunkt der weitgebreiteten Ebene ringsum, an den Knotenpunkten deutschen Schicksals müssen sie gefunden werden oder entstehen. Dort allein wachsen die Führer heran, die unser Volk zur Entfaltung seiner großen Anlagen braucht." [13)]

Vor dem Krieg hatten alle Napolas gemeinsame Sommermanöver durchgeführt, 1938 an der Ostsee, zuletzt 1939 in Kärnten. Im Krieg reduzierte sich der Aufwand. Nur die Sonnwendkampfspiele aller Napolas in Naumburg liefen weiter. 1940 führte Rottweil sein Manöver allein durch, mit anschließendem Zeltlager in Nußdorf bei Überlingen. Ab 1941 gestalteten Rottweil und Reichenau im Sommer gemeinsame mehrtägige Manöver, die von Rottweil mit Rad oder zu Fuß in den Hegau führten, mit

Orientierungsmärschen und Felddienstübungen, einem Kampf Rot gegen Blau um die Anstalt Reichenau. Wer im Kampf seinen "Lebensfaden" verlor, der mußte ausscheiden. Daran schloß sich ein Zeltlager am Wasserwerk in Konstanz an, bei dem auch Minister Rust erschien. Für das Konstanzer Badepublikum gab es einen Volkstumsnachmittag, vor allem aber wurde hier der erste Gästenachmittag vom 11. Juli vorbereitet, der musikalische Darbietungen, Reden, Sport, darunter Boxen, Hindernislauf auf einer neuen Anlage, eine Feuerwehrübung, sowie eine Führung für Partei- und Staatsvertreter durch die neue Napola und schließlich die feierliche Verleihung des Seitengewehres (Ehrendolches) an den 5. Zug (9. Klasse) aus Rottweil beinhaltete. Auf dem Dolch stand "Mehr sein als scheinen". Das war wohl das Mannbarkeitsritual der Napolas, eine Art Schwertleite oder Jugendweihe. Die älteren Rottweiler Schüler (7. Zug/11. Klasse) kamen anschließend zum Ernteeinsatz in den Warthegau. Anschließend machten sie eine große Italienfahrt, bei der sie auch mit italienischen Jugendorganisationen zusammentrafen.

Während Rottweil und Backnang erst mit dem 3. Zug (7. Klasse) begannen, ihren Nachwuchs also aus den unteren Klassen der Oberschulen bezogen, die bereits eine Vorauswahl darstellten, begann Reichenau mit dem 1. Zug (5. Klasse). Geworben wurde also in den unteren Volkschulklassen. Nur beim ersten Mal konnten sich dann noch Schüler aus den Oberschulen bewerben. Geworben wurde auch in den Tageszeitungen, z.B. der Konstanzer "Bodensee-Rundschau" vom 15. Mai 1941. Hoffmann selber schrieb den Text, bei dem er sich auf einen Artikel von Vize-Inspekteur Calliebe in der "Deutschen Schulerziehung" von 1940 stützen konnte: "Die Nationalpolitischen Erziehungsanstalten stellen eine Neuschöpfung des nationalsozialistischen Staates dar. Sie sind Internate, die unter dem Gesichtspunkt der körperlichen, geistigen und charakterlichen Auslese nach den Grundsätzen der SS ihre Jungmannen in soldatischer Zucht unter gesündesten Lebensverhältnissen in körperlicher und geistiger Lebensfähigkeit und zu verantwortungsbewußter Einsatzfreude erziehen. Die jungen Männer, die diese Anstalten verlassen, haben grundsätzlich Zugang zu allen Berufen. Sie sollen als selbständige Männer und Nationalsozialisten ihr Leben dem Volk weihen." Überraschend ist die öffentliche Erwähnung der SS, denn die Napola war eine Staatsschule, und Hoffmann wie Calliebe sahen in der Institution Napola die "Dreiheit der großen Erziehungsformen Elternhaus, Schule, Hitler-Jugend einheitlich zusammengefaßt." Damit mußte den interessierten Eltern eigentlich klar sein, daß sie bei diesen Kindern nichts mehr zu sagen hatten. Nur so konnten für Hoffmann die Vorbedingungen geschaffen werden, "daß die nach Leistungsgrundsätzen ausgelesenen Jungmannen in der Anstalt einheitlich erzogen werden und so für besondere Führungsaufgaben den geeigneten Nachwuchs stellen können." Neben dem wissenschaftlichen Unterricht konnte Hoffmann auf Werkunterricht und Musik verweisen, dann die verstärkte körperliche Ausbildung mit zusätzlichen Sportarten (Geländesport, Wassersport, Reiten, Fechten, Skilaufen, Motorsport, Segelfliegen). Das politische Element sah er so: "Die politische Ausbildung durch besondere politische Schulung wird vertieft durch größere Fahrten im In- und Ausland, durch gemeinsame Veranstaltungen der NPEA-Anstalten Großdeutschlands (Manöver, Sommerlager), durch Einsatz der Jungmannen im Dienst der HJ, im Landdienst, im Einsatz in Fabriken und Bergwerken, wo sie ihre erworbenen Kenntnisse praktisch anwenden und ihre nationalsozialistische Haltung in selbständigem Einsatz bewähren können." Den Lebensstil einer Napola stellte er so dar: "In der Anstalt selbst bilden Erzieher und Jungmannen eine fest verschworene Kameradschaft, die von Zucht und Ordnung durchdrungen ist, keine Überheblichkeit kennt und freudig gewillt ist, unter dem Gesetz der Autorität zu leben und die gestellten Aufgaben zu meistern."

Im Juli 1941 wurden aus 132 Kandidaten für Reichenau 55 für die Züge 1 und 2 (5. und 6. Klasse) ausgewählt. Die Aufnahmeprüfung fand in Rottweil statt. Hinzu kamen der 3. und 4. Zug (7. und 8. Klasse) aus Rottweil, so daß die Napola Reichenau im Herbst mit etwa 100 Schülern den regulären Betrieb aufnahm.

Ein Schüler des 4. Zuges (8. Klasse) beschrieb für die in Rottweil gebliebenen Napola-Schüler bzw. für die Altkameraden die neue Schule im Juni 1941: "Ihr alle denkt wohl, wir wären jetzt Inselbewohner geworden. Aber das ist nicht so. Wir sind gegenüber der Insel stationiert, was aber auch seine Vorteile hat: Konstanz liegt nur 5 km entfernt. Der Bahnhof Reichenau liegt direkt am Eingang zur Anstalt. Die Umgebung und Aussicht gefällt uns natürlich viel, viel besser als in Rottweil. Oft sieht man hinter der großen, klaren Fläche des Sees bei sichtigem Wetter den Säntis, die Churfürstengruppe und andere Bergmassive. In entgegengesetzter Richtung schließen gleich Wald und Wiesen an die Anstalt an, wo wir uns genügend austoben können. Unsere Anstalt selbst gleicht einem richtigen Park. Überall sind Kastanien- und Lindenalleen, dazwischen große Rasenflächen mit Blumenbeeten und anderen Verzierungen. Inmitten dieser Grasflächen liegen unsere Gebäude, die nicht gerade so kasernenmäßig wie die Rottweiler Anstalt aussehen. Um das Haus herum wachsen Zierbüsche, und an der Hinterseite liegt ein kleineres Gärtchen. Hier verbringen wir bei schönem Wetter unsere Arbeits- und Freizeit. Unsere Gebäude selber erinnern wenig mehr daran, daß hier einmal die Irren gehaust haben. In unserem

Gebäude haben wir sehr viel Platz. Wie in Rottweil haben wir auch Unterrichtsraum, Aufenthaltsraum, Waschsäle usw. eingerichtet. Hinten in den Garten hinaus ist noch eine fabelhafte Glasterrasse angebaut. Ein guter Radio fehlt natürlich nicht. Sogar ein Klavier besitzen wir. Also, wie Ihr seht, sind wir tadellos eingerichtet. Im ganzen umfaßt die Anstalt 16 solcher Gebäude, aber das ist noch nicht alles. Der Hauptbau ist das Verwaltungsgebäude. Hier ist die große Telefonzentrale der Anstalt, eine Posthilfsnebenstelle, die Räume des Anstaltsleiters und Rentmeisters und vor allem ein richtiges Kasino für die Zugführer. Im oberen Stock ist unser großer Festsaal mit einer tadellosen Theaterbühne, die uns als Theaterzug natürlich sehr zugute kommt. Schon von weitem sieht man den 65 Meter hohen Kamin des Maschinenhauses, eines recht stattlichen Baues. Hier ist eine Schlosserei, die Kesselanlage, Dampfmaschinen und sonstiges. Nicht weit vom Maschinenhaus liegt die Koch- und Waschküche. Sie sind natürlich viel zu groß für unsere Zwecke. Es ist geplant, sie in ein Schwimmbad und in eine Turnhalle umzubauen. Aber das wird noch einige Zeit dauern. Wenigstens können wir hier unsere Wäsche abgeben und müssen sie nicht nach Hause schicken wie in Rottweil. Unsere Kleider werden in der Schneiderei geflickt, im Handwerkerbau, der etwas abseits liegt. Hier ist auch eine Schreinerei, und früher war noch ein Schuster da. Noch weiter weg liegt der Gutshof, der uns mit den meisten Lebensnotwendigkeiten versorgt. Im ganzen umfasst er 83 Hektar, also ein ganz stattlicher Hof. Hier haben wir schon oft im Arbeitsdienst geschwitzt, beinahe so stark wie im Latein und Englisch, nur daß uns solche Arbeit mehr Spaß macht. Euch wird es ja auch so gegangen sein. Die Ställe sind ziemlich voll. 60 Stück Rindvieh, 110 Schweine, 4 Pferde und 200 Hühner sorgen dafür, daß wir nicht verhungern. Die Gärtnerei versorgt uns zu jeder Jahreszeit mit frischem Gemüse aus den Gewächshäusern.

Das Wichtigste hätte ich beinahe vergessen, nämlich den Sportplatz. Er ist ganz annehmbar, sogar eine recht gute Weitsprunggrube ist dabei. Nicht weit davon ist eine beinahe nagelneue Schießbahn.

Ich hoffe nun, daß Ihr ein klares Bild von unserer Anstalt bekommen habt. Für uns aber hoffe ich, daß wir recht lange in dieser Anstalt bleiben können." [14)]

Freizeit

Sonntagsspaziergang mit Hausdamen

3. Rottweiler Ideologie

Die Ziele der württembergischen Napolas als Vorläufer der Reichenauer Schule lassen sich aus öffentlichen Bekanntmachungen, den Akten des württembergischen Kultministeriums, Schulprospekten der Rottweiler Schule sowie den Äußerungen und Reden der Schulleiter gut darstellen. Quelle für Rottweil ist insbesondere auch die Schulzeitschrift "Im Gleichschritt" (1940-1945). In Rottweil wurden auch Filmaufnahmen über das Schulleben gemacht, doch ist nicht bekannt, ob sich diese Filme erhalten haben. Über die Rottweiler Schule existiert eine Darstellung in der Festschrift aus Anlaß der Auflösung des Mädchen-Aufbaugymnasiums, in dessen Gebäude die Napola eingerichtet gewesen war. Diese Darstellung ist völlig distanz- und kritiklos, offensichtlich von ehemaligen Schülern der Napola verfaßt. Dazu paßt, daß bei dem Festakt im September 1993 der Napola-Direktor Dr. Hoffmann offiziell eingeladen und offiziell begrüßt wurde![15) Positiv heben sich davon die sehr ausführlichen Erinnerungen ab, die der Rottweiler Napola-Schüler Reinhard Wagner in den 90er Jahren niedergeschrieben hat. Er hat sowohl Literatur über die Napolas wie über das 3. Reich allgemein verarbeitet und weicht auch kritischen Punkten nicht aus.[16)

Bis 1938 unterstanden Backnang und Rottweil ausschließlich dem württembergischen Kultministerium und nicht den preußischen Nazis. Insofern ist es interessant, die Ziele dieser schwäbischen Regionalausgabe einer "Napo" herauszustellen, bevor sie angeglichen wurden. Ursprünglich hatte die Napola Backnang nur eine Oberstufe (Klassen 11 bis 13) mit verschiedenen Gymnasial- und Realabteilungen. Sie begann 1934 mit 56 Schülern, hatte 1935 128 und 1936 165 Schüler. In der ersten

Bekanntmachung im "Staatsanzeiger für Württemberg" vom 3. März 1934 nannte Kultminister Mergenthaler als Aufgabe der neuen Schule, "durch eine dem Wesen des neuen Staates entsprechende charakterliche, körperliche und geistige Schulung einen Führernachwuchs für verantwortliche Mitarbeit in Staat, Wirtschaft und Heer heranzubilden." Bei der Gründung verglich man sich auch gar nicht mit den preußischen Kadettenanstalten, sondern sprach von der Tradition der evangelisch-theologischen Klosterschulen, die man im nationalsozialistischen Sinne weiterentwickeln wollte. So wurde der ganztägige Sport- und Geländesporttag direkt vom Seminar Urach übernommen. Rottweil sollte die Mittelstufe zu Backnang bilden (Klassen 8 bis 10) und begann das erste Schuljahr mit 96 Schülern, nämlich zwei 8. und zwei 9. Klassen. Beide Schulen entstanden nach der Schließung von konfessionellen Lehrerseminaren, die durch eine Hochschule in Eßlingen abgelöst wurden.

Bei der Gründung Rottweils stellte der Backnanger Direktor Dr. Reinhold Gräter die beiden württembergischen Schulen am 9. Februar 1936 in einer Rundfunkansprache vor: Hier "sollen junge Menschen so erzogen werden, daß sie für die Aufgaben tüchtig werden, die in unserer Zeit für das deutsche Volk und jeden einzelnen Deutschen gestellt sind. An Stelle einer Schulbildung, die in erster Linie auf Wissen ausgeht, wird in der NPEA nach gleichmäßiger Erziehung der ganzen Persönlichkeit gestrebt. Als Ziel dieser Erziehung denke ich mir einen frischen, zähen, abgehärteten jungen Mann, der Freude hat an jeder Kraftäußerung, körperlicher wie seelischer, für den es sich von selbst versteht, daß er sich beherrscht und seinem Leben eine feste Form gibt, der was Rechtes gelernt hat und mit reger Beobachtung und lebendigem Geist im Leben steht und so in jeder Lebenslage entschlossen zugreift. Vor allem aber soll er sich mit

Im Gleichschritt

Rundbrief der NPEA Rottweil

2. Jahrgang Heft 4 Mai 1941

Leidenschaft fühlen als Sohn seines Volkes und als Bruder aller Volksgenossen". Gräter spricht zwar auch von den kriegerischen Fähigkeiten, die neben wissenschaftlichen, technischen und künstlerischen entwickelt werden sollen. Auffallend ist bei diesen früheren Äußerungen aber eher der Hinweis auf die gut eingerichteten Werkstätten zur Entwicklung von praktischen und technischen Fertigkeiten. In einer späteren Rede sprach er von der "Überzeugung, daß der Mensch eine organische Einheit sei, in der Leib, Geist und Seele sich nicht getrennt voneinander behandeln lassen, sondern, daß eins im andern getroffen, gefördert und geschädigt werde. Deshalb wollen wir die Unterrichtsschule vergangener Zeiten überwinden und setzen an ihre Stelle eine Erziehung, die neben die Bildung des Verstandes und den Erwerb von Kenntnissen eine wirklich ernste Pflege des Leibes und bewußte Erziehung des Willens und Gestaltung der Lebenshaltung zu verwirklichen hat". Den Geländesport wollte er ausdrücklich nicht als vormilitärische Ausbildung sehen, sondern als "Entwicklung und Schulung natürlicher Eigenschaften männlicher Wehrhaftigkeit", eine Differenzierung, die heute schwer nachvollziehbar ist.[17)] Diese Rundfunksendungen aus Backnang wurden vom Kultministerium als sehr wirkungsvoll bezeichnet.

Im Regierungsanzeiger für Württemberg und im Amtsblatt des württembergischen Kultministeriums vom November 1936 wurden die Anmeldetermine für die Aufnahme zu Ostern 1937 für Backnang und Rottweil bekanntgegeben. Für das Ministerium waren die beiden Napolas zu diesem Zeitpunkt nur einer von mehreren Schultypen mit Auslesecharakter. Ziel dieser Schulpolitik, die sich auf Vorschläge und Empfehlungen der Schulen stützte, war "immer wieder aus dem tiefen Quell des Volkstums zu schöpfen und deshalb aus allen Schichten des Volkes die

Tüchtigen frühzeitig durch eine aktive Auslese ausfindig zu machen. Rang und Stand, Geld und Gut der Eltern sollen dabei keine Rolle spielen. Ausschlaggebend dürfen allein Gesinnung, Charakter und Leistung, sowie die rassischen Erbwerte der jungen Menschen sein."

Die besonderen Schulziele einer Napola werden aber ausführlich dargestellt: "Das Ziel der NPEAs ist es, eine Jugend heranzubilden, die fest verankert ist in den Grundsätzen der nationalsozialistischen Weltanschauung und die fähig ist, in allen Berufen, sei es in Partei, Staat, Heer oder im Geschäftsleben, der Volksgemeinschaft zu dienen. Die Anstalten verbinden den Grundsatz weitgehender Verantwortung der Jungen mit der unbedingten Führung durch die Erzieher, um so den jungen Mann zum Gehorsam und zur Führung fähig zu machen. Solche Jungen sind willkommen, die bereit sind, ein hartes, aber jugendgemäßes Leben auf sich zu nehmen. Die NPEAs sollen befähigten Kindern aller Volksgenossen den Weg zu der Stellung im neuen Staate ebnen, die ihrer Begabung und ihrem Leistungsvermögen für die Volksgemeinschaft entspricht. Grundsätzlich und praktisch steht der Weg zu jedem Beruf offen". Neben Sport, Geländesport und Segelfliegen wurde der ideologische Hintergrund des außerunterrichtlichen Programms angesprochen, nämlich die Verbindung von Volk und Führungsnachwuchs: "Fahrten ins Gelände mit anstaltseigenem Wagen, Ausmärsche, Teilnahme an politischen Veranstaltungen, Gestaltung von Heimabenden der Hitler-Jugend in den Landgemeinden stellen die notwendige Verbindung der Anstalt mit Land und Leuten und dem Leben der Bewegung her. Mithilfe bei der Bauernarbeit und Arbeit in Werkstätten der Fachschulen sowie der gesamte Werkunterricht an den Anstalten selbst dienen dem Zweck, den Jungen ein gewisses handwerkliches Können zu verschaffen und sie mit den Arbeitsbedingungen der Mehrzahl der Volksgenossenschaft vertraut zu machen." Neben der Konstruktion von Schiffs- und Flugzeugmodellen gab es auch Großprojekte, an denen die ganze Schule beteiligt war, wie in Rottweil die Herstellung einer mittelalterlichen Stadtanlage. [18)]

Bereits 1937/38, mit der Einführung der achtjährigen Deutschen Oberschule, wurden die beiden Napolas grundlegend umgestaltet. Beide Anstalten wurden auf sechs Jahre ausgebaut und führten die Klassen 7 bis 12 (Züge 3 bis 8), Backnang mit 169, Rottweil mit 128 Schülern. Rottweil hatte zudem noch Aufbauklassen mit Schülern aus dem 6. und 7. Volksschuljahr. Im Jahr darauf wurde Napola-Inspekteur Heißmeyer auch in Württemberg für das außerunterrichtliche Programm zuständig. Im Dezember 1939 gab das Ministerium ein neues Merkblatt heraus, in dem zum ersten Mal von einer einwöchigen Probezeit, also letztlich einer Aufnahmeprüfung, die Rede ist. Im Schuljahr 1938/39 hatten Backnang 153 und Rottweil 148 Schüler, 1939/40 149 bzw. 138 Schüler und 1940/41 147 bzw. 117 Schüler.

Im dem aufwendigen Prospekt, den die "neue" Napola Rottweil 1938 herausbrachte und in dem der Direktor auf einem Foto zusammen mit Himmler zu sehen ist, heißt es nun:

"Was erreicht man in einer NPEA?

Nicht:
ein Zeugnis, das für Berufe berechtigt, die anderen verschlossen sind, oder eine Anwartschaft auf eine geruhsame Laufbahn in Staat, Partei oder Heer. Dagegen wird man sich überall den Jungmann einer NPEA genauer ansehen, weil man mehr von

ihm erwartet als von anderen. Und für einen rechten Kerl ist es stets ein Vorbild, wenn man ihn genau ansieht;

sondern:
eine einheitliche Erziehung, die in jedem Zweig durchdrungen ist von nationalsozialistischer Weltanschauung, gegründet auf eine harmonische Ausbildung von Charakter, Körper und Geist, mit dem Ziel, höchste Leistungsfähigkeit, entschlossenen Willen, saubere Gesinnung und unerschütterliche Treue gegenüber Volk, Reich und Führer zu erzeugen.

Welche Voraussetzungen braucht man für eine NPEA?
Nicht:
einen großen Geldbeutel - eine gute Empfehlung - überragende, aber einseitige Kenntnisse - gewaltige Körperkräfte ohne entsprechende charakterliche und geistige Werte - ungesundes Strebertum und rücksichtslosen Ehrgeiz.
sondern:
einen völlig gesunden Körper und den Willen, ihn stählen zu lassen - eine aufrechte Gesinnung, die sich in eine Kameradschaft einzuordnen versteht, aber auch den Schneid hat, sich durchzusetzen und damit die Verantwortung für den Geist dieser Kameradschaft mitzuübernehmen - und schließlich einen frischen und hellen Kopf, der klar und zuverlässig auffaßt und behält."[19] Der Wahlspruch von Rottweil war: "Wem das Zuhause zu eng ist, wem kein Berg hoch genug ist, kein Land zu weit ist, wer ein ganzer Kerl sein will und eine straffe Zucht weichem Genuß vorzieht, der gehört in eine NPEA."[20]

Der Antisemitismus scheint nach den Aufzeichnungen eines Rottweiler Lehrers kein großes Thema gewesen zu sein: "Die Kristallnacht schlug im Lehrerkollegium ein wie ein Blitz aus heiterem Himmel: niemand verteidigte das Geschehene; Unterschiede ergab nur der Grad der Entrüstung. Da von Parteiseite intern eine Menge Berichtigungen erfolgten, beruhigten sich die Gemüter langsam wieder. Der "Stürmer" wurde sehr bald als Lektüre verboten - er war für uns als Jugendlektüre indiskutabel. Die Schließung jüdischer Geschäfte, die Konzentrierung der Juden im Osten während des Krieges wurde teils gebilligt, teils verurteilt. Die Bedingungen, unter denen das alles geschah, blieben uns nebelhaft." (W.L).

Für Rottweil und Backnang existieren aus dem Sommer 1939 Gebühren- und Berufsstatistiken, die den sozialpolitischen Kurs der Napolas aufzeigen. Bei einem Normalsatz von 1200 RM im Jahr zahlten die Rottweiler Schüler im Schnitt 510 RM. Nur 6 Schüler zahlten voll, 10 zwischen 1000 und 1200 RM, 12 zwischen 750 und 1000 RM, 62 zwischen 510 und 750 RM, 48 zwischen 300 und 510 RM, 15 unter 300 RM, und vier hatten einen Freiplatz. Die Eltern der Schüler hatten folgende Berufe: 33 Beamte, 32 Kaufleute, 19 Lehrer, 11 Handwerker, 7 Landwirte, 5 Offiziere, 1 Wehrmachtsbeamter, 6 aus Parteiämtern, 5 Ingenieure, 4 Ärzte, 3 Förster, 2 im Reichsarbeitsdienst, 1 Berufsberater, 2 Gastwirte, 3 Fabrikanten, 2 Architekten, 1 Notar und 1 Apotheker. Es fehlen in dieser Statistik offensichtlich 19 Arbeiter, um auf die Gesamtzahl von 157 zu kommen. Backnang rechnete zum gleichen Zeitpunkt etwas anders: 28 Beamte zahlten durchschnittlich 450 RM im Jahr für ihren Sohn, 8 Wehrmachtsangehörige 250 RM, 15 Freiberufler im Schnitt 450 RM, 15 Unternehmer und Kaufleute ebenso, 11 Arbeiter 173 RM, 24 Handwerker 276 RM, 38 Angestellte im Schnitt 480 RM, 8 Bauern und Gutsbesitzer 425 RM, 3 Parteiangestellte 400 RM. Es gab drei Freiplätze für Wehrmachtsangehörige. Die Gesamtzahl

betrug 153 Schüler. Die Studienfächer der ersten Abiturienten in Backnang (neun von 1936 und elf von 1937) sahen so aus:
5 Medizin, 1 Zahnmedizin, 2 Militärärzte, 1 Militärtierarzt, 3 Technische Hochschule, 1 Jura, 1 Philologie, 4 Lehramt, 2 Forstwissenschaft. [21)]

Im Januar 1941 hielt Hoffmann anläßlich der Verleihung des Seitengewehres an den Fliegerzug in Rottweil eine Ansprache, in der er den Krieg als einen "Kampf des untergehenden demokratisch-liberalistischen Prinzips gegen das aufsteigende völkisch-sozialistische Prinzip" sah. Daraus folgerte er, daß es wesentliche Aufgabe der Heimatfront sei, die weltanschauliche Schulung zu stärken, und eben dies sollte die besondere Aufgabe der Napola sein: "Noch stecken viele Deutsche in Anschauungen der Systemzeit und der vorhergehenden Periode mit ihren liberalistischen und christlichen Doktrinen mitten drin, noch haben sie keinen Anschluß oder kein richtiges Verhältnis zur nationalsozialistischen Weltanschauung und ihren Forderungen gefunden. Sie mit der Kraft des Geistes und vor allem durch die eigene Haltung, das eigene Vorbild dieser nationalsozialistischen Weltanschauung zuzuführen, wird daher eine unserer Hauptaufgaben sein." [22)] Betont wird auch das Elitäre der Napola: "Und auch hier gilt wieder, daß von Euch, Jungmannen, in dieser Hinsicht mehr erwartet werden muß als von den Jungen der übrigen Schulen, da ihr eine Auslese darstellt, wie auch von uns Erziehern mehr erwartet wird als von den Lehrern einer Oberschule."

Die Unterschiede zwischen demokratisch-liberalistisch und völkisch entwickelte Hoffmann an vier Bereichen, nämlich der Einstellung zur Arbeit, der Einstellung zum Kampf, der Einstellung zur Sittlichkeit und der Einstellung zur Religion. Der völkische Mensch sieht in der Arbeit "den Sinn des Daseins, den Segen und das Glück seines Lebens" im Gegensatz zum notwendigen Übel der Arbeit im Liberalismus. Der Kampf ist die "letzte Probe des Mannes, die höchste Auszeichnung, das höchste Glück, das einem Mann zuteil werden kann". Daraus folgt zum einen die besondere Rolle des Boxens in der Napola, aber natürlich auch, daß "der Heldentod der schönste Tod für den Deutschen ist". Beim Thema Sittlichkeit stellte Hoffmann fest, daß für den völkischen Menschen jede Tat unsittlich ist, "welche die Kraft des Einzelnen wie die Kraft des Volkes schwächt; denn da die Leistungskraft jedes Einzelnen dem Volk zu dienen hat, bedeutet deren Schwächung auch Schwächung der Leistungsfähigkeit des Volkes". Der völkische Mensch ist nicht unreligiös, sondern die Religion ist "der tiefste Beweggrund der eigenen Leistung". Der völkische Mensch empfindet das tiefste religiöse Gefühl, "wenn er sich bei seiner Arbeit eins fühlt mit dem Willen und den Naturgesetzen Gottes". Für das Christentum ist in dieser Auffassung kein Platz, es ist der Gegner der NS-Weltanschauung.

Die Zeitschrift "Im Gleichschritt" sollte die Verbindung zwischen den ehemaligen Napola-Schülern, die jetzt in der militärischen Ausbildung oder bereits an der Front standen, und ihrer Schule sichern. Sie druckte ihre Kriegsberichte ab, in denen zumindest in den ersten Kriegsjahren die Kampfbereitschaft und Begeisterung dieser jungen Absolventen deutlich wird, zugleich bei manchen auch Stolz und Dankbarkeit, Absolvent einer solchen Schule zu sein, die sie zu richtigen Männern gemacht und ihnen einen Vorsprung vor gewöhnlichen Soldaten gegeben hat. Diese Ehemaligen fühlten sich durchaus als Elite. Die Napola wird bei ihnen zur vormilitärischen Institution, auch wenn man bei diesen Briefen bedenken muß, daß die Schreiber eine eventuelle Veröffentlichung einplanen mußten. Diese Berichte müssen auf die etwas jüngeren Schüler großen Eindruck gemacht haben: "Mochte der eine oder andere Klassenkamerad in einer stillen Minute auch nachdenklich werden, diese Soldaten waren die Vorbilder. Ihnen wollte man es nachtun. Was sie konnten, was die aushielten und leisteten, das würde man in wenigen Jahren, wenn man alt genug war, genauso leisten und aushalten. Sie hatten wahr gemacht, was sie gelobt hatten. Das wollte man auch tun. Sie sollten sehen, daß die Jüngeren ihnen ebenbürtig waren. Dafür war schon jetzt jede Anstrengung gerechtfertigt, im Sport, im Geländesport, ja, sogar im Unterricht und nicht zuletzt im Weitertragen der eigenen Überzeugung vom Endsieg des Großdeutschen Reiches." [23)]

Hoffmann organisierte auch Treffen der Altschüler. Beim ersten Treffen am 29. Dezember 1940 äußerte er sich über die künftige Rolle der Napola-Schüler so: "Immer mehr würden in Zukunft die führenden Männer unseres Volkes aus den Reihen unserer Anstalten kommen. Sie alle seien politisch und weltanschaulich klar und einheitlich ausgerichtet und böten die beste Garantie dafür, daß nicht eine Stelle gegen die andere arbeite, sondern daß sie alle am gleichen Strang zögen. Äußeres Sinnbild dieser Zusammengehörigkeit und gegenseitiges Erkennungszeichen soll in Zukunft ein Ring sein, den jeder aus einer NPEA Hervorgegangene trägt. Der Anstaltsleiter nahm dann durch Handschlag alle anwesenden Altkameraden offiziell in die "Altkameradschaft" auf und besiegelte das, indem er ihnen, zugleich im Namen aller Erzieher, das "Du" anbot." Im Geleitwort der Zeitschrift vom Februar 1941 zitierte Hoffmann SS-Obergruppenführer Heißmeyer: "Durch die Altkameradschaft der Anstalten eine inneren Kitt zu bilden für dieses große Reich, einen Kitt durch die Gau-, Länder- und Altreichsgrenzen hindurch, einen Kitt, der auch die verschiedenen Dienststellen und Ämter von

Partei und Staat eng miteinander verbindet und zusammenhält." Da ist etwas viel Kitt hineingeraten.

Das Elitedenken beschrieb ein Napola-Schüler später so: "Aber er war sich auch darüber klar, daß zukünftig, mit jedem weiteren Lebensjahr, mehr von ihm verlangt würde, und er war bereit, durch seinen Einsatz, durch ehrliches, offenes, anständiges und hilfsbereites Auftreten dazu beizutragen, daß auch die noch zögernden Volksgenossen vom Nationalsozialismus überzeugt würden...Vielleicht, er hoffte es, würde er ja doch noch als Soldat zum Einsatz kommen. Dann mußte er für diese Überzeugung auch zu sterben bereit sein. Sich auch für diesen Einsatz charakterlich zu entwickeln, bereit zu machen, das mußte seine erste Forderung an sich selbst sein. Nicht mehr Privilegien brachte ihm Rottweil, sondern mehr Verpflichtung. In diesem Sinne fühlte er sich einer Elite zugehörig." [24)]

Die Frage, warum bis 1941 Napolas im süddeutschen Raum ausschließlich in Schwaben eingerichtet wurden, hat die Zeitgenossen offensichtlich auch schon beschäftigt. Beim Backnanger Staatsakt erklärte der württembergische Ministerpräsident und Kultminister Mergenthaler dieses Phänomen so: "Das hat einen tieferen Sinn: Im schwäbischen Stamm hat die Auslese und damit der Aufstieg der wirklich Tüchtigen und Begabten immer größtes inneres Verständnis und eine pflegliche Stätte gefunden. Der echte deutsche Sozialismus, der den Menschen wertet nach seiner Leistung, unabhängig von Rang und Stand, von Geld und Gut, liegt dem Schwaben im Blut". [25)]

Offensichtlich gab es auch Bestrebungen, die jüngeren Brüder dieser Schüler bzw. später einmal ihre Söhne bei der Aufnahme in die Napolas zu bevorzugen, d.h. die Kastenbildung zu

befördern. Ein paar Beispiele aus Berichten von Altkameraden seien hier angefügt: "Die Einführung der Tradition, daß unsere Jungen (Brüder, später Söhne) auch mal wieder in die Napo kommen, ist prima. Ich freue mich über den Anfang, der nun auch in dieser Hinsicht gemacht ist"... "Ich glaube, daß wir alle beim Empfang der Rundbriefe dasselbe fühlen: die alte Kameradschaft, die uns alle verbindet und unendlich schöne Stunden erleben ließ. Es ist ein untrügliches Zeichen für die echte Kameradschaft, wenn sie auch später, in einer Zeit, die einen räumlich trennt, doch noch innerlich mit einander verbindet. Ich werde diese schöne Zeit nie vergessen und bin dankbar, daß ich meine Jugend hier erleben durfte. Wir wurden in der Napo von Kindern zu echten deutschen Jungen erzogen. Wie unendlich viel wir von dieser Zeit fürs Leben mitbekommen haben, zeigt sich erst, wenn man im Leben steht. Nach langem Drängen ist es mir nun endlich gelungen, von meinem Vater die Erlaubnis zu bekommen, meinen jüngeren Bruder in eine Napo zu schicken." [26]
Ein Altschüler, der Anfang 1944 in der Napola Rottweil heiratete, schrieb aus diesem Anlaß an Hoffmann: "Lange bevor ich meine Braut kannte, war es mir klar, daß ich später einmal meine Hochzeit auf meiner alten Napo feiern wollte. Du hast uns damals, als wir in die Anstalt aufgenommen wurden, gesagt, die Anstalt sollte uns zur zweiten Heimat werden. Ich habe das mit einer gewissen Skepsis aufgenommen, und nun ist mir die Anstalt längst mehr geworden. Eines steht fest: Meine Buben werden auch wieder Jungmannen werden. So ist es ja fast selbstverständlich, daß meine persönliche Bindung zur Anstalt in der Hochzeit ihren Ausdruck findet." [27] In diese Gedanken- und Lebenswelt sollte also der Nachwuchs der Reichenauer Napola hineinwachsen.

Feldarbeit

Sommermanöver im Hegau

4. Das erste Schuljahr 1941 - 1942

Versuchen wir, uns den Schulalltag der Napola Reichenau vorzustellen. Dabei stützen wir uns auf die Erinnerungen von Reichenauer Schülern, Lehrern, Direktor und Personal, aber auch die Rottweiler Prospekte und die Zeitschrift.

Der normale Schultag sah etwa so aus: 6 Uhr Wecken mit Horn, Frühsport, Waschen, Arbeitszeug anziehen (Drillich), 7 h Appell hinter dem Verwaltungsgebäude, Meldung durch den Zugführer bzw. Jungmannzugführer, Frühstück im Festsaal (= Speisesaal), Morgenlesung. Vormittags waren sechs Unterrichtsstunden. Zu Beginn des Unterrichts sorgte der Klassenführer für Ruhe und meldete dem Erzieher die kranken und beurlaubten Schüler. Der Mittagsappell diente dem Verlesen von Bekanntmachungen und der Kontrolle von Fingernägeln und Kleidung. Beim Mittagessen saß der Erzieher am Tisch seiner Schüler. Der Nachmittag war ebenfalls in sechs Einheiten zu 45 Minuten eingeteilt, außer mittwochs und samstags. Es standen vor allem Sport und Geländedienst auf dem Dienstplan. Zum Geländedienst gehörten auch das Kleinkaliberschießen und eine Stunde Formalexerzieren. Daß ständig Militär anwesend war und auf dem Truppenübungsplatz am Panzer und der Panzerabwehrkanone geübt wurde, wie ein Schüler berichtet, erscheint schon angesichts des Alters der Reichenauer Schüler übertrieben. Die Nachmittage waren eingeteilt in Sportnachmittag, Felddienstnachmittag, Studiennachmittag (auch projektbezogen), Nachmittag für Ordnungsdienst (d.h. Putzstunden und Innendienst). Mittwoch- und Samstagnachmittag waren frei. Einen genauen Lehrplan für die außerunterrichtlichen Teile des Lehrprogramms gab es nicht. Daß Lehrer und Schüler gemeinsam nackt gebadet hätten, wie in der Literatur beschrieben, wird von den Reichenauern bestritten. Hinzu kamen Musik, Chor und Theater mit Aufführungen. Immerhin nannte sich eine Klasse Theater-Zug. Den Tag beschloß ein abendliches Schluß-Singen auf dem Appell-Platz. Am Mittwochabend war HJ-Dienst. Die Zeugnisse enthielten eine verbale Beurteilung, eine Note für "äußere Haltung", Noten für die Schulfächer und die Arbeitsgemeinschaften, sowie eine Sportnote, die noch aufgeschlüsselt war in Leichtathletik, Schwimmen, Spiele, Geräteturnen, Boxen und Schießen. Als Beispiel sei eine verbale Beurteilung aus einem Rottweiler Zeugnis vom Herbst 1939 angeführt: "Körperlich gut veranlagt, dürfte aber im Sport mehr Härte und Draufgängertum zeigen. In den wissenschaftlichen Fächern weist er seiner Begabung entsprechende gute Leistungen auf. Zuverlässiger und guter Kamerad. Äußere Haltung: gut."

Die sogenannte "nationalpolitische Schulung" wird von den Reichenauer Schülern, die ja jünger waren, als nicht übertrieben angegeben, d.h. nichts anderes als an den sonstigen Oberschulen oder bei der HJ, also NS-Ideologie und Kommentierung der jeweiligen Kriegslage. Doch darf nicht vergessen werden, daß die Politisierung bei der Napola nicht im Fachunterricht lag, sondern in der totalen Erfassung ihrer Zöglinge rund um die Uhr.

Die Ausstattung der Schule wird als gut bezeichnet, ebenso die Verpflegung, was sicher mit dem Gutshof zusammenhängt. Für Berg- und Skitouren stand Rottweil und Reichenau eine Hütte in Damüls/Vorarlberg zur Verfügung. Jeder Zug hatte ein eigenes Gebäude. Unterkunfts- und Unterrichtsgebäude waren getrennt, denn Häuser gab es schließlich genug in Reichenau. Die beiden jüngsten Klassen (Züge) wurden von Frauen betreut, sogenannten Hausdamen. Ansonsten hatten Frauen im System der

Marineübung

Fallschirmübung

Napolas keine Funktionen. Eine dieser beiden Damen, die Hausdame des 2. Zuges (6. Klasse), war zugleich die Krankenschwester der Napola, Schwester Liesel, als "Schweli" von allen verehrt und respektiert. Sie hat in einer nicht mehr identifizierbaren Tageszeitung vom 28. Januar 1942 die Atmosphäre der Reichenau beschrieben, und zwar in der Rubrik "Das Reich der Frau". Im Vorspann heißt es: "In den Nationalpolitischen Erziehungsanstalten wird eine Auslese bester deutscher Jugend unter hohen Anforderungen und in männlich harter Zucht zu starken tüchtigen Menschen herangebildet. " Über die Napola schreibt Schwester Liesel: "Sie ist im Pavillonsystem gebaut, umfaßt viele Häuser und zählt insgesamt mit der Gärtnerei, den Angestelltenwohnungen und dem eigenen Gutshof 33 Bauten. Sie liegen zerstreut in wunderschönen, großzügig angelegten Parkanlagen. So steht uns viel Platz zur Verfügung, und unsere Jungmannen haben Gelegenheit, sich draußen und drinnen auszutoben.

Bis jetzt sind 110 Buben da, alles Badenser und Württemberger von 10 bis 14 Jahren, die ihrem Alter entsprechend in vier Züge aufgeteilt sind. Jeder Zug hat einen Zugführer, der gleichzeitig ihr Klassenlehrer und Erzieher ist. Die Kleinen, Zug 1 und 2, unterstehen außerdem der Fürsorge einer weiblichen Betreuerin. So hab' ich neben meiner eigentlichen Aufgabe als Schwester noch den Zug 2 zu bemuttern. Ich tu es recht gerne, handelt es sich doch um lauter gesunde, frische Lausbuben. Wenn die in ihrem Dialekt losschwäbeln, muß ich aufpassen, um überhaupt mitzukommen. "Schwäster Lisl, der Franzl aus Bärschtesgoaden... Schwäster, gäschtern ärscht...!" Es ist zu nett. Den Vorzug, als Kamerad betrachtet zu werden, hab' ich mir erobert gelegentlich eines Wettlaufes zwischen ihrem Bau und dem Lazarett, bei dem ich von vier Läufern als erste am Ziel war. Auch daß ich mich (in Ermangelung des notwendigen Dienstrades,

Damenrades) auf ein Herrenrad schwinge und durch das Gelände flitze, gefällt ihnen ungemein.

Von nächster Woche ab sollen verschiedene aus jedem Zug zu Feldscherern ausgebildet werden. Diese Aufgabe muß ich übernehmen und freue mich darauf. Mein Haupttätigkeitsfeld ist allerdings das Lazarett in einem besonderen Bau. Es liegt versteckt zwischen Bäumen und Sträuchern, nur das rote Dach lugt daraus hervor...Täglich kommt ein Arzt aus Konstanz, um mit mir die vorliegenden und glücklicherweise seltenen Erkrankungsfälle zu besprechen. Manchmal muß ich auch "Außendienst" machen, wenn Hilfe nottut auf dem Gutshof bei den Landhelfern, unter denen sich zehn oder zwölf Italiener befinden, oder in der großen Küche mit dem vielen Personal, Arbeitsmaiden und Pflichtjahrmädeln oder in der Gärtnerei. Dann wird in gewohnter Weise die Schultertasche gepackt, sich aufs Rad geschwungen und losgesaust. Und ich fühle mich wieder als Gemeindeschwester und bin froh und glücklich".

Die Journalistin der Frankfurter Zeitung, die im Dezember 1941 Rottweil besuchte, was entdeckte sie Privates bei den Schülern? Unter dem Pultdeckel eine Postkarte des Heimatdorfes, Familienfotos, Fotos von Kunstwerken, Fliegerhelden, aber keine Filmstars. Das ist ziemlich dürftig.

Ab 1940 erhielten einzelne Napolas Spezialisierungen zugewiesen, so Rottweil neben Potsdam und Köslin ab Herbst 1940 einen sogenannten Fliegerzug (ab 6. Zug/10. Klasse). Diese Zuordnung hängt mit den Segelflugzentren Klippeneck und Hohenkarpfen bei Rottweil zusammen. Die Schüler dieses neuen Zuges widmeten pro Monat eine Woche nur dem Segelfliegen, später sollten sie den Offiziersnachwuchs für die Luftwaffe stellen: "Dort sollen die Jungen im Sinne der Luftwaffe im fliegerischen Geiste erzogen werden und in einer festen nationalsozialistischen Gemeinschaftserziehung eine besonders gute Vorbildung für den Fliegerberuf erhalten". [28] Der Andrang war groß. Nach einem Bericht der Frankfurter Zeitung vom 4. Januar 1942 über diesen neuen Zug bewarben sich über 300 Jungen aus ganz Deutschland, von denen 25 genommen wurden. Direktor Hoffmann war stets auf der Höhe der Zeit und legte sofort den Segelflugschein ab.

Die Napola Reichenau sollte sich in der Marineausbildung spezialisieren, d.h. später einmal Nachwuchs für die Marineoffizierslaufbahn liefern. Allerdings wurden für diesen Schwerpunkt keine besonderen Klassen gebildet wie bei den Fliegerzügen. Bereits im September 1941 erschien ein Obersturmbannführer Simons, der sich als Stellvertreter Hoffmanns ausgab und dessen Funktionen nicht ganz klar sind, bei der Konstanzer Stadtverwaltung und legte Pläne für einen eigenen Hafen der Napola im Konstanzer Ortsteil Egg, also gegenüber der Mainau, vor. Dort plante bereits die Reichsjugendführung eine Reichsseesportschule, und es ist typisch für die Arroganz der Napola-Leute, daß sie ein Zusammengehen mit der HJ ablehnten, die dort schließlich ein Marineertüchtigungslager der HJ einrichtete. Ein Angebot beim Ufergelände der Brauerei Ruppaner neben der Fähre in Staad lehnte die Napola ebenso ab. Der Napola-Hafen in Egg sollte 35 m in das flache Wasser hinausgebaut werden und am Ufer eine Länge von 72 m haben. Im Januar 1942 erschienen Hoffmann und Simons wieder mit ihren Plänen bei der Stadtverwaltung und brachten gleich zwei Offiziere der Marine-Unteroffiziersvorschule Lindau als Berater mit, doch lehnten alle Stellen bis hinauf nach Karlsruhe zum Glück dieses

Projekt als landschaftsunverträglich ab: "Es geht tatsächlich mit Rücksicht auf die Einmaligkeit der Seelandschaft um die Insel Mainau nicht an, daß dort aus irgendwelcher partikularistischer Einstellung verschiedener Behörden jede für sich dort eine Hafenanlage erstellt." [29] Hoffmann drohte zwar mit höheren Stellen, doch wurde das Projekt erst einmal bis zum Endsieg verschoben. Bis dahin, so einigte man sich mit der Stadt und dem Konstanzer Yachtclub an der Seestraße, sollte die Napola die dortigen Anlagen mitbenutzen, für deren Renovierung das Marinebauamt Lindau 4.000 RM veranschlagte. Die Napola sprach von 5 Olympia-Jollen, 3 Torpedobootskuttern von 10-12 m Länge und 1 Pinasse. Doch das Oberkommando der Kriegsmarine ließ die Inspektion der Napolas wissen, daß die Auslieferung der Boote für 1942 nicht gesichert sei: "Für die Marinebelange wird dies umso mehr tragbar sein, als die Anstalt noch im Aufbau begriffen ist." Im Frühjahr 1943 erinnerte die Napola noch einmal an die Renovierung des Konstanzer Yachthafens, doch es geschah nichts mehr. Hoffmann hatte zwar sofort im Sommer 1941 mit mehreren Lehrern bei der Hanseatischen Yachtschule in Glücksburg einen zweiwöchigen Segelkurs absolviert, aber letztlich begnügte sich die Napola Reichenau mit Kuttern und Schlauchbooten in Staad, sowie Jollen am Strand von Hegne. Ein Bootsmaat war für die Ausbildung zuständig, doch endete eine Kutterregatta gegen die Schule Salem im Frühjahr 1944 kläglich für die Napola.

Der Gästetag am Ende des Schuljahres 1941/42 fand dieses Mal am 19. Juni in Rottweil statt. Es erschienen sogar Gauleiter Murr und der Höhere SS-Polizeiführer Südwest, General Kaul. In Reichenau wurde eine Tagung aller Napola-Lehrer aus den südwestdeutschen Schulen mit SS-General Heißmeyer abgehalten. Im Sommer war dann gemeinsames Manöver der Schulen

Rottweil und Reichenau, das wieder mit einem Zeltlager am Wasserwerk in Staad endete.

Die jüngeren Schüler wurden im Sommer auf dem Gutshof Reichenau eingesetzt, auch der Rottweiler 4. Zug (8. Klasse), der im Januar 1942 von Reichenau nach Rottweil zurückgekehrt war. Der Gutshof hat die Rottweiler sehr beeindruckt, man bemühte sich dort jetzt auch um einen eigenen Gutshof, sowohl wegen der Versorgung wie wegen der Einsatzmöglichkeiten für die jüngeren Schüler vor Ort. Auch Italiener arbeiteten auf dem Gutshof und gegen Kriegsende sogar russische Kriegsgefangene. Der 5. und 6. Zug (9. und 10. Klasse) aus Rottweil kamen wieder zum Ernteeinsatz in den Warthegau (Posen) zu baltischen oder volksdeutschen Bauern, die aus Galizien und Bessarabien dorthin umgesiedelt worden waren. Die Aktion betraf alle Napolas und war Teil der deutschen Volkstumspolitik im Osten und der Werbung für die Ostsiedlung. [30)]

In Rottweil hatte sich ab Anfang 1942 einiges verändert. Der 7. Zug (11. Klasse) wurde bei der Kinderlandverschickung (KLV) von Kindern aus bombengefährdeten Gebieten wochenlang eingesetzt, zuerst in Österreich, später in Böhmen, Mähren und der Slowakei. Die Napola-Schüler hatten dabei Leitungsfunktionen, wo sie ihre elitäre Rolle beweisen sollten. Neben dem für den Unterricht zuständigen Lehrer war der Napola-Jungmann im Lager oder Heim für das HJ-Programm und den Innendienst verantwortlich. Der 7. Zug (11. Klasse) wurde beim Gästetag von Gauleiter Murr zur Wehrmacht entlassen, d.h., das 8. und letzte Schuljahr der Oberschule/Napola wurde jetzt einfach gestrichen.

Und der 6. Zug (10. Klasse) kam im April/Mai 1942 für sechs Wochen in das Bergwerk Blumberg (Doggererzabbau). Das Bergwerk hat etwas Mystisches in der Theorie und Praxis der Napolas. Der Einsatz sollte nicht nur den Bergarbeitern einen Urlaub ermöglichen, sondern er verkörperte auch ganz besonders die Begegnung von "Arbeitern der Faust und der Stirn", von Elite und Volk. Die Schüler wohnten auch bei den Bergarbeitern, "denn wir sollten ja nicht nur die Arbeit, sondern vor allem auch den deutschen Arbeiter kennenlernen". Ob diese Jugendlichen in diesem gefährlichen Gewerbe in so kurzer Zeit produktive Arbeit leisten können, erscheint fraglich, sie selber sahen es anders: "Bald wurden wir auch von den Bergleuten als ihresgleichen betrachtet. Sie duzten uns, nannten uns Kumpel und verbaten sich energisch das "Sie", das wir anfangs gebrauchten." Hinzu kamen geologische Exkursionen in der Umgebung und Vorträge. Über die Freizeit berichten die Schüler: "Abends sitzen wir dann bei unseren Quartierwirten und unterhalten uns über dieses und jenes, erfahren letzte Einzelheiten über die Spezialgebiete des Bergbaus, lauschen den Grubenerlebnissen unserer Wirte, die ohne Ausnahme alte Kumpels, meist aus dem Saargebiet sind, und erzählen auch selbst von unserer Ausbildung und Erziehung. Wir erleben alle kleinen und großen Sorgen mit, sind selbst ein Glied der Familie.

Der Zweck des Arbeitseinsatzes wird voll und ganz erfüllt. Neben der harten Arbeit, durch die der deutsche Bergmann sein Brot verdient, lernen wir ihn selbst kennen, erhalten Einblick in die Familiensorgen des Arbeitskameraden, sehen Charakterschwächen und -größen des einzelnen." [31)]

Blut und Liebe.

ein Ritter-Schauer-Drama

gespielt von Zug IVa.

Staatstheater

Reichenau.

(Spieldauer etwa
50 Minuten.)

8. Klasse Schuljahr 1943/44

5. Lehrer und Schüler

Die Lehrer wurden von den ehemaligen Schülern als gut und engagiert bezeichnet, die Qualität des Unterrichts als besser als am normalen Gymnasium, was mit der Rekrutierung der Napola-Schüler und -Lehrer erklärt wird. Letztere wurden z.T. schon als Referendare ausgesucht, sie mußten Unterricht und Internatserziehung leisten und vielleicht auch noch bei Felddienstübungen und in den musischen Fächern mitwirken. Ein Lehrer formulierte nach dem Krieg: "Der Dienst, den ich antrat, war ungeheuer vielseitig und zeitraubend; aber nie habe ich ein so einheitlich opferbereites Kollegium (von vorwiegend jungen Lehrern) erlebt wie in meinen ersten Jahren in der NPEA... Unter dem knappen Dutzend Lehrer, mit denen die Anstalt in Rottweil eröffnet worden war, waren zwei Nicht-Parteigenossen, darunter ich. Mein Eintritt in die Partei erfolgte über die HJ" (W.L.). Was natürlich für andere Schulen genauso gilt, ist, daß im Krieg immer wieder Lehrer (Erzieher) zur Wehrmacht eingezogen wurden und dafür irgendwelche Vertreter gesucht werden mußten, die nicht unbedingt die gleiche Qualifikation hatten. Auch holländische Lehrer wurden an den Napolas im Krieg eingesetzt. Alle Lehrer und der Direktor wohnten in der Anstalt, die Lehrerfamilie im Gebäude des jeweiligen Zuges. Für die Lehrer gab es ein Kasino. Ab und zu mußten sie ein Praktikum bei einer Gauleitung oder einem SS-Hauptamt o.ä. machen, was die Frankfurter Zeitung "Ausflüge ins Leben" nannte.

Von den Lehrern wurde erwartet, daß sie heirateten bzw. nach der Eheschließung viele Kinder hatten. Für den Gästetag im Sommer 1942 veröffentlichte Rottweil eine Heirats- und Kinderstatistik der Rottweiler (und Reichenauer) Erzieher, die sie in einen Vergleich mit einer allgemeinen Napola-Statistik setzte.

Von 19 Erziehern waren 17 verheiratet. Diese hatten zusammen 41 Kinder, also 2,41 im Durchschnitt. Die Bilanz lautete: "Die durchschnittliche Ehedauer bei den verheirateten Erziehern beträgt 6,5 Jahre. Die Gesamtzahl der Ehejahre der verheirateten Erzieher beträgt 112 Jahre. Also kommt im Durchschnitt auf 2,7 Jahre ein Kind." Krönung der Analyse ist die Prognose des künftigen Zeugungsverhaltens: "Da die durchschnittliche Ehedauer erst 6,5 Jahre beträgt, die meisten Ehen also bevölkerungspolitisch noch nicht abgeschlossen sind, so ist damit zu rechnen, daß die Kinderzahl im Laufe der kommenden Jahre noch erheblich ansteigt und daß die Rottweiler Erzieher nicht nur das zur Erhaltung des Volksbestandes (allerdings ohne Einrechnung des Kriegsausfalles) erforderliche Soll von 3,4 Kindern je Ehe erreichen, sondern überschreiten werden." [32] Hoffmann selber hatte sechs Kinder, von denen der älteste Schüler der Napola Reichenau war.

Heißmeyer nannte 1942 gegenüber Himmler die folgenden Bedingungen für Beurteilungen und Beförderungen:
"1. Der Erzieher muß Nationalsozialist sein und der Partei angehören.
2. Er muß darüber hinaus einer der Gliederungen der Partei angehören.
3. Er muß Reserveführer der Waffen-SS oder Reserveoffizier sein.
4. Er darf keiner Kirche angehören.
5. Er soll verheiratet sein und eine gesunde Familie gründen."

In der Praxis waren aber die folgenden Kriterien wichtiger: Natürliche Anlagen als Erzieher, wissenschaftliche Kenntnisse, Bewährung im Führen eines Zuges, einer Hundertschaft, Bewährung in Leibesübungen, Bewährung im wissenschaftlichen Unterricht, Politischer Einsatz, Allgemeines Auftreten, Verhalten zu Kameraden, Besondere Aufgabengebiete, Organisationstalent, Eignung für Beförderungsstellen. [33)]

Wer sind nun die Schüler der Napola Reichenau? Man kann unterscheiden:

1. Der Normalfall, der aber schwer zu greifen ist, weil niemand es heute gerne zugeben wollte. Die Eltern melden ihr Kind aus politischen Karrieregründen für sich und das Kind dort an bzw. akzeptieren den Vorschlag der Schule oder Musterungskommission. Denn nicht jeder Vorgeschlagene erschien auch zur Aufnahmeprüfung.

2. Politische Prominenz, z.B. ein Neffe des Reichsaußenminister von Ribbentrop oder ein Sohn des Kultusministers im Protektorat Böhmen und Mähren, Moravetz. Inwieweit die lokale NS-Prominenz aus Konstanz oder die der SS-Kaserne in Radolfzell ihre Kinder nach Reichenau schickte, ist nicht zu belegen. Eine Bevorzugung dieser Gruppe scheint nicht bestanden zu haben. Aus Rottweil ist bekannt, daß die Söhne von mehreren Kreisleitern und ein Sohn des württembergischen Gauleiters Murr nach der Aufnahmeprüfung oder nach der Probezeit wieder nach Hause geschickt wurden.

3. Überdurchschnittlich häufig wie auch an anderen Napolas finden sich Kinder nach dem Tod eines Elternteils oder aus zerbrochenen Ehen, d.h. mit einer geringeren Bindung an eine reale Familie. Wenn es die Napolas nicht gegeben hätte, wären diese

Kinder vielleicht in ein anderes Internat geschickt worden. Typisch erscheint dieser Bericht: "Meine Mutter starb schon 1937. Bis 1941 lebten wir mit drei unmündigen Kindern und meinem Vater mehr schlecht als recht. 1941 heiratete er wieder, und ab dann gab es mit meiner Stiefmutter nur Probleme. Diese Situation hat natürlich wesentlich zur weiteren Entwicklung beigetragen ... Als Ende 1942 die NPEA Backnang in unserer Schule um etwas ältere Schüler warb, habe ich mich gemeldet. Parallel dazu lief eine Werbeaktion der NPEA Reichenau. Im Frühjahr 1943 hat Anstaltsleiter Hoffmann in X. die Bewerber gesichtet und mir dabei zugeredet, nach Reichenau zu kommen. Meine Zusage an Hoffmann habe ich nie bereut."

4. Reichenau war zunächst für Südbaden, Vorarlberg und Tirol zuständig. Doch konnten Eltern aus bombengefährdeten Gebieten im Altreich ihre Kinder hier unten anmelden, um sie in Sicherheit zu wissen.

5. Die Napolas waren billiger als die normalen Oberschulen, bzw. großzügiger mit Gebührennachlässen. Vor allem kinderreiche Familien profitierten von diesen Regelungen. Das Finanzamt überwies eine Kinderbeihilfe für diese Familien direkt an die Napola. Eltern mit geringem Einkommen meldeten ihre Kinder um, weil sie so die Schulbildung ihrer Kinder besser finanzieren konnten. Ab 1943 war die Ausbildung an den Napolas sogar kostenlos. Für die Reichenau meint ein Schüler, der allerdings Probleme mit der Napola hatte, es seien rabaukenhafte und asoziale Elemente vertreten gewesen.

ist Jungmann der National-
politischen Erziehungsanstalt
Reichenau am Bodensee
Reichenau, den 16.Oktober 1943

Der Anstaltsleiter:

Nationalpolitische Erziehungsanstalt Reichenau • Briefstempel •

Eigenhändige Unterschrift

geb. am: 30.Juli 1929
in: Rutlingen

Nationalpolitische Erziehungsanstalt Reichenau • Briefstempel •

Schülerausweis der Napola Reichenau

6. In geringer Zahl Kinder aus dem Umfeld der heutigen Feursteinstraße, d.h. rund um die Anstalt, also Kinder des Anstaltspersonals, für die die Schule eben praktisch lag, und von der Insel Reichenau.

7. Die Eltern mußten zwar bei der Anmeldung ihres Sohnes den Ariernachweis vorlegen, aber kein Zeugnis der eigenen politischen Zuverlässigkeit. Es kam also auch vor, daß der Sohn des notorischen Sozialdemokraten und gar des ortsbekannten Kommunisten für die Napola vorgeschlagen und aufgenommen wurde. Zum Teil rätseln diese Schüler heute noch, warum ihre Eltern dies mitgemacht haben. Es gibt zwei Erklärungsmöglichkeiten: aus der Sicht der Partei ging es darum, diese Kinder ihrem Milieu zu entziehen und auch die von Hitler geforderte soziale Mischung der Napolas zu erfüllen. Bei den Eltern könnte auch mitgespielt haben, daß ein Kind bei der Napola einen gewissen Schutzschild vor etwaiger Verfolgung darstellten konnte.

Einzelne Schüler der älteren Züge, die sich besonders bewährt hatten, erhielten Leitungsfunktionen über einen jüngeren Zug, sie waren verantwortlich für Appelle, Kleider- und Spindkontrollen, Ordnungsdienste, Schlichtung von Streitigkeiten usw. Von dem von den Nazis hochgelobten Prinzip "Jugend wird durch Jugend geführt" kann aber keine Rede sein, weil es reine Ordnungsfunktionen waren. Dem Klassensprecher entsprach der Jungmannzugführer, dem Schulsprecher der Jungmannhundertschaftsführer. Sie wurden aber nicht gewählt, sondern vom Anstaltsleiter auf Zeit, meist für drei Monate, ernannt. Ein Lehrer hatte eine Woche lang rund um die Uhr Dienst als Zugführer vom Dienst, unterstützt von zwei Schülern als Unterführer vom Dienst. Vor allem in Rottweil mit seinen älteren Schülern nahmen die Ordnungsfunktionen der Schüler im Krieg, als die Zahl der Lehrer kriegsbedingt abnahm, ständig zu. Sogar Unterricht mußten die älteren Schüler dort teilweise übernehmen. Zucht und Ordnung, Disziplin, funktionierende Gruppen sind also Grundwerte der Napola-Erziehung.

Der schon mehrfach zitierte Lehrer sieht diese Ordnung und Disziplin auch im nachhinein noch sehr positiv: "Da ich, wenn Erzieher vom Dienst, ebenfalls für diese ganze Ordnung verantwortlich war, für Schuhe, Schränke, Möbel und Kleidung usw., konnte ich ein gutes Stück Selbsterziehung leisten, was mir später sehr zustatten kam... Ich unterdrückte auch manches Lächeln, wenn ich im Schlafsaal die vorgeschriebene Ordnung überschaute, die ja den "soldatischen" Menschen im Auge hatte (im Gegensatz zum Unterricht), denn wie in der Kaserne war das vorgeschriebene Zusammenlegen der Wäsche, vom Standpunkt der Lüftung aus betrachtet, völlig unsinnig. Aber diese Dinge gerieten immer mehr in die Selbstverantwortung der Jungmannen; ich habe nie wieder das Beispiel einer so weitgehenden Schülerselbstverwaltung erlebt. Sie trug Früchte z.B. auf wochenlangen Ferienwanderungen, wo die Jungmannen schlechthin alles in eigener Regie machten und der Erzieher nur noch "Ja" und "Amen" zu sagen hatte oder Meinungsverschiedenheiten auf Verlangen entschied - falls er überhaupt dabei war. Grundlage dieses Funktionierens war der ständige, meist monatliche Wechsel der Verantwortung; man fügt sich bald in eine Ordnung, für die man in wenigen Wochen selbst die volle Verantwortung tragen muß." Sogar das Militärische findet seine Rechtfertigung: "Hier merkte ich zu meiner Überraschung, daß die militärische Form nicht nur ein Zwang oder ein im Internatsbetrieb notwendiges Übel ist (über die Grenzen kann man dabei streiten), sondern für eine völlig ungebildete und ungezogene Jugend die einzig mögliche Form überhaupt ist. Wenn die äußere Form nicht klappte, war fast nichts durchführbar. Ich begann etwas zu begreifen, was die Armeen der Welt in ihrer Selbstdarstellung und ihrem Betrieb nicht begriffen zu haben scheinen: Disziplin ist ein Durchgangsstadium zur Eigenverantwortung. Ist sie Selbstzweck, kann sie grauenhafteste Sinnlosigkeit produzieren und hat das zu allen Zeiten unter Beweis gestellt. Aber ohne sie kommt Eigenverantwortung nur schwer zustande. So begann ich den Betrieb im eigenen Hause, der NPEA, mit anderen Augen zu betrachten. Die aus recht verschiedenem Milieu stammenden Jungmannen zeigten nach kurzer Zeit eine einheitliche Haltung; da sie gezwungen waren, beim Sprechen den Partner oder Vorgesetzten anzusehen, war die Versuchung der Lüge viel geringer. Sie wußten sehr bald, daß sie sich viel erlauben konnten, wenn sie die Form wahrten. Ihr Freimut uns Erziehern gegenüber unterschied sich aufs vorteilhafteste von der penetranten Frechheit des Normalschülers, der einmal zu widersprechen wagt und dabei platzt. Da die Form des Verkehrs feststand, konnte der Inhalt des Gesprächs freier sein. Das Verantwortlichsein und der Stolz waren Grundlagen der Erziehung und mußten geachtet werden. Sie wurden auch geachtet, weil wir Erzieher alle vom Wert unserer Jungmannen überzeugt waren" (W.L.).

Zu den berüchtigten Strafen gehörte das sogenannte "Kostümfest", d.h., der Jungmann mußte sich blitzschnell umziehen von der Arbeitsuniform in die Ausgehuniform usw. Auch Prügelstrafen gab es, Strafexerzieren, Kollektivstrafen, natürlich auch Prügeleien, Klassenprügel und Rivalitäten um die Hackordnung in einer Klasse bzw. zwischen zwei Klassen. Und das Problem der Bettnässer zeigt, daß nicht alle den Drill dieser Kadettenanstalt psychisch bewältigten. Und die Art und Weise, wie die Reichenau dieses Problem, das als generelles Problem in der

Literatur erwähnt wird, zu bewältigen suchte, ist eher schockierend: entweder mit Prügeln, oder man legte die Bettnässer in eine gemeinsame Ecke des Schlafsaals. Morgens mußten sie ihre Betten so machen, daß jeder kontrollieren konnte, ob etwas passiert war. Beliebt bei den Schülern waren die unterirdischen Gänge zwischen den einzelnen Gebäuden, sozusagen ein Abenteuerspielplatz, der aber gesperrt wurde, nachdem es dort zu einem Selbstmord gekommen war. Auch von homoerotischen Spielchen und Akten wird berichtet. Zum besonderen Ehrenkodex der Napolas gehörte auch, daß Abschreiben bei Klassenarbeiten verpönt war. Der Lehrer verließ das Zimmer und überließ einem Schüler die Aufsicht. Wer beim Abschreiben erwischt wurde, riskierte als Strafe, daß die anderen ihn 14 Tage nicht ansprechen durften. Eine andere nach außen diskriminierende Strafe war die Anordnung, mehrere Tage die Uniform nicht tragen zu dürfen.

Ein Schüler, der aus einer zerbrochenen Ehe als elfjähriger für ein Jahr nach Reichenau kam und dort sehr gelitten hat, beschreibt seine Gefühlslage so:

"Die dort verbrachte Quinta war für mich eine bloße und (aus familiären Gründen) überwiegend trübe Episode. Mein geschiedener Vater schickte mich dorthin, weil er sich ohne Frau mit drei Kindern einfach überfordert fühlte. Aber ich war ja gerade erst 11 Jahre geworden , als ich in Reichenau eintraf, und auf diese Weise dann nicht bloß ohne Mutter - das hatten wir noch gar nicht richtig seelisch verkraftet! - sondern auch ohne Vater ..., wie das dann zu dem allnächtlichen Bettnässen führte, das noch heute ein Schrecken in meiner Erinnerung ist. (Bettnässen in einer so auf militärische Korrektheit und sportliche Gesundheit ausgerichteten Erziehungsanstalt! Wo ich doch ohnehin so unsportlich war!) Mein Vater sah das gottseidank am Ende des Schuljahres ein, nahm mich im Juli (im August wurde ich erst zwölf!) von der Napo weg und schickte mich als Schulpendler nach Konstanz. Und in Konstanz blühten dann nicht bloß meine schulischen Leistungen auf. Das Gymnasium in Konstanz wurde mit meinen eigentlichen Jugendfreundschaften, mit meinen Jugendlieben, mit den Lehrern, Musikstunden, Theaterbesuchen, Konzertereignissen erst meine eigentliche "Schule", ja erst meine eigentliche Jugendzeit ... Ich habe nie mehr das Bedürfnis gehabt, die Baulichkeiten in Reichenau wieder einmal aufzusuchen. Die Napo ist mir immer ein unangenehmer Punkt in meinem Lebenslauf geblieben, und dies dann doppelt, weil sie das nicht nur persönlich war, sondern auch politisch, als Kompromittierung, werden mußte."

In der Kriegszeit spielten die Musterungsfahrten (ein militärischer Begriff) der Erzieher eine immer wichtigere Rolle gegenüber den Vorschlägen der Schulen oder den Bewerbungen der Eltern. Die Erzieher der Napolas setzten sich für ein paar Stunden in den Unterricht und in die Sportstunden. Hintergrund dieser Veränderung war aus Rottweiler Sicht, daß die Zeugnisse im Krieg ihre Aussagekraft verloren und daß sich manche Jungen durch die lange Abwesenheit der Väter im Verhalten veränderten, so daß der persönliche Eindruck der Erzieher vorentscheidend war. Bei der Auswahl nach der einwöchigen Aufnahmeprüfung wirkte dann auch ein Rasseprüfer der SS mit, der die Bewerber in Gruppen einteilte: fast reinrassig, leicht gemischt, harmonisch gemischt, disharmonisch. Auch musische Leistungen wurden berücksichtigt, aber vor allem auch das Urteil der älteren Jungmannen, die die Kandidaten in dieser einen Woche zu betreuen hatten.

6. Auf dem Weg zum Gästetag von 1943

Im Herbst 1942 führte die Napola Reichenau die eigenen Klassen 5 bis 7 (Züge 1 bis 3) und den 4. Zug (8. Klasse) aus Rottweil Auch der neue Rottweiler 3. Zug (7. Klasse) wurde nach Reichenau verlegt. Allein schon dieses Hin- und Hergeschiebe von kompletten Klassen zeigt, welch geringen Stellenwert die individuelle Erziehung in diesem System hatte.

Zu den besonderen Veranstaltungen in einem Schuljahr gehörten Führers Geburtstag, 1. Mai, Sonnwendfeiern, 9. November, Julfeiern statt Weihnachten. Die berühmte Pianistin Elly Ney spielte in der Napola Reichenau. Die Schüler führten "Wallensteins Lager" im Freien und im Saale auf. Kam hoher Gesuch oder die SS aus Radolfzell, so gab es einen Kameradschaftsabend. Bei einem Besuch der Lehrer in der SS-Kaserne Radolfzell führte man ihnen erbeutete amerikanische und russische Spielfilme vor, dazu gab es Jazzmusik.

Am Sonntagmorgen fand eine Weihestunde statt, die thematisch ausgerichtet war. Einige Themen aus Rottweil: "Goethe als Künder germanisch-deutscher Weltschau", "Hölderlins deutsche Sendung", "Des Reiches ewige Aufgabe". In Rottweil fanden sonntags aber auch gemeinsame Filmvorführungen statt. Im Einzelfall wurde aber respektiert, wenn einer unbedingt auf die Insel Reichenau zum katholischen Gottesdienst wollte. Religionsunterricht gab es natürlich nicht.

Immerhin war Dr. Hoffmann bei den Großveranstaltungen vom 30. Januar 1943 zum 10. Jahrestag der Machtergreifung der Hauptredner im Konstanzer Stadttheater, wobei er sich hauptsächlich über den Rußlandfeldzug ausließ:

"Am 30. Januar 1933 hat Adolf Hitler das deutsche Volk aller Stände, Gaue und Konfessionen geeint und zur nationalen Wiedergeburt geführt.

Am 30. Januar 1943 steht dieses geeinte und wiedergeborene deutsche Volk in dem größten und entscheidensten Kampf um sein Reich, das ihm Leben, Arbeit und Kultur sichern soll für alle Zeiten.

Gewiß, schon früher haben große Deutsche aller Stände das Reich zu schaffen versucht und sind entweder schon beim Versuch gescheitert oder ist dieses Reich nach jahrhunderte- oder nur jahrzehntelangem Bestand wieder zerfallen. In allen Fällen aber, selbst in den schwersten Zeiten des 30-jährigen Krieges, blieb eine feste Substanz des Volkes, ein Volkskern erhalten, aus dem sich immer wieder die Nation erneuern und ein neues Reich anstreben konnte.

Heute aber wissen wir: wenn wir in diesem gewaltigsten aller deutschen Kriege das Reich nicht siegreich erkämpfen, dann wird auch die Substanz unseres Volkes selbst restlos vernichtet, und das Reich der Deutschen wird nie mehr Wirklichkeit. Dafür bürgen uns der infernalische Haß des Weltjuden, das viehische Untermenschentum der bolschewistischen Horden und der blutgierige Vernichtungswillen Stalins.

Diese klare Erkenntnis zwingt jeden von uns zur Entscheidung; entweder stecken wir den Kopf in den Sand und versperren uns dieser Erkenntnis, um noch eine kleine Zeitlang ein bürgerliches, friedensmäßiges Scheinleben zu führen, wie es die Schweden und die Schweizer tun. Dann schließen wir uns aus aus der deutschen Volks- und Schicksalsgemeinschaft, fallen unseren

Frontsoldaten in den Rücken und helfen mit, sie und uns selbst zu vernichten:

oder wir reihen uns in die Kampfgemeinschaft unserer Frontsoldaten ein.

Wir betrachten uns als Mitkämpfer und Mitsoldaten und bejahen auch für uns den totalen Krieg, der wohl schon lange besteht, an uns aber jetzt erst in seiner letzten Konsequenz herantritt. Dann aber gelten auch für jeden einzelnen von uns in der Heimat die soldatischen Gesetze der Disziplin, der Pflicht und der Ehre.

Diese Entscheidung muß jeder für sich fällen, und sie fällt jedem leicht, der seither unseren Frontsoldaten gegenüber Minderwertigkeitsgefühle gehabt hat. Und nach einer solchen positiven Entscheidung fühlen wir uns glücklich als Soldaten, einerlei ob Mann oder Frau, ob in Zivil oder in Uniform, als Mitkämpfer für das Reich,

das Reich, das unsere Ahnen in einer über 1000-jährigen Geschichte zu erarbeiten und zu erkämpfen suchten,

das Reich, dessen Verwirklichung noch nie so nahe war wie in dieser Zeit der deutschen Volkswerdung unter Adolf Hitler,

das Reich, zu dessen Verwirklichung das Schicksal unserer Generation die letzte Chance gegeben hat in dem entscheidenden Kampf unseres Volkes um seinen zeitlichen oder ewigen Bestand.[34)]

Eine Bilanz der ersten beiden Schuljahre der Napola Reichenau brachte der Gästetag vom 17. Juli 1943, der in diesem Jahr in Reichenau abgehalten wurde. Allerdings waren weder der Kultusminister noch der Gauleiter schienen. Das war auch verständlich, denn die badischen Kultus- und Parteibehörden hatten mit dieser Napola nichts zu tun, sie war eine schwäbische Filiale bzw. eine Reichsschule. Die Wehrmacht war vertreten, die Kreisparteileitung, die südbadischen Schulräte sowie eine Delegation der Insel Reichenau mit dem Bürgermeister an der Spitze. Die Gründung der Napola stellte die "Bodensee-Rundschau" vom 20. Juli so dar: "Vor einigen Jahren nun ist in diese Anlage mit einer Nationalpolitischen Erziehungsanstalt die Fröhlichkeit deutscher Jungmannen eingezogen, und damit ergriffen Gesundheit und Zukunft Besitz von Räumen, in denen vorher entsetzliches Leid unheilbar Kranker und der bittere Kummer ihrer Angehörigen mit einem Aufwand an Mitteln verlängert wurden, die im einzelnen ein Vielfaches dessen betrugen, was man für ein gesundes Kind aufbringen wollte". Offensichtlich hatte es Kritik an der Nutzung der riesigen Anlage durch gerade 100 Schüler gegeben, denn die Zeitung betonte, daß manche Gebäude ohne aufwendige Umbauten und Renovierungen gar nicht anderweitig genutzt werden könnten und daß der Vollausbau der Napola durch weitere vier Züge vorgesehen sei, so daß dann alle verfügbaren Räume voll belegt seien.

Es gab Unterrichtsvorführungen, Präsentation der "nationalpolitischen Arbeitsgemeinschaften", d.h. Projektgruppen eines Großprojekts der ganzen Anstalt zu Geologie, Geschichte, volks- und landwirtschaftlicher Entwicklung und Familiengeschichte der Insel Reichenau. Der Werkunterricht zeigte Schiffs- und Segelflugmodelle. Der Zeichenunterricht förderte die Ausgestaltung der eigenen Räume. Auch Freizeitaktivitäten wurden vorgeführt, z.B. Sammlungen von Steinen, Insekten und Tieren. Ein Zug richtete ein Theater ein. Im Sport wurden Hechtsprung, Hindernislauf und Kleinkaliberschießen auf Kopfscheiben vorgeführt. Abschließend folgten im Festsaal Darbietungen von Orchester, Chor, Spielmannszug und Theatergruppen. Ein Jungmann dirigierte den von ihm selbst komponierten "Reichenauer Marsch". Zum Abschluß verteilte Oberstudiendirektor Hoffmann Buchpreise, die der Bürgermeister der Gemeinde Reichenau gestiftet hatte.

Die Napolas Backnang und Rottweil arbeiteten zunächst nach außen hin eher abgeschottet und wurden in den beiden Städten auch als Fremdkörper empfunden. Folgt man allerdings den Berichten der Rottweiler Zeitschrift "Im Gleichschritt", so hat man den Eindruck, daß diese Schule im Krieg fest in das politische und kulturelle Leben der Stadt eingebunden war. Darüber hinaus fuhren die Rottweiler Schüler immer wieder nach Stuttgart ins Theater oder Konzert. Dagegen blieb die Napola Reichenau schon von ihrer Lage her relativ isoliert von Konstanz und ist dort offensichtlich auch kaum wahrgenommen worden. Wegen der Entfernung und des reglementierten Taschengeldes kamen die einzelnen Schüler in ihrer spärlichen Freizeit kaum in die Stadt. Das Taschengeld wie die Sonderausgaben der Schüler verwaltete der Finanzbeamte der Napola, der Rentmeister. In Gruppen fuhren oder liefen die Schüler nach Konstanz zum Besuch des Hallenbades, zu politischen Veranstaltungen im Stadttheater, wenn etwa Kriegshelden aus der Region ihre Erfolgsberichte vortrugen, oder bei politischen Beerdigungen. Die Schüler, deren Angehörige in erreichbarer Nähe wohnten, konnten ein Mal im Monat nach Hause fahren.

Einerseits standen die Napola-Schüler weit über dem normalen Hitlerjungen, was auch aus den Rottweiler Büchern von Reinhard Gröper deutlich wird. [35] Sie absolvierten zwar auch das HJ-Programm (Leistungsabzeichen u.ä.), waren aber nicht in die HJ-Organisation ihres Ortes integriert, allenfalls mußten die Rottweiler Napola-Schüler in den Orten der Umgebung Heimabende der HJ abhalten. Andererseits mußten sie auch damit rechnen, daß ihnen aus einer Seitenstraße in Konstanz nachgesungen wurde: "Es geht alles vorüber, alles vorbei, auch Adolf Hitler und seine Partei." Das Elitegerede forderte auch zum Spott heraus. Das gilt auch für andere Napolas, in Plön z.B. nannte man im Ort die Jungmannen von Schloß Plön die "Schloßkacker". [36]

Bei einem Kameradschaftsabend des 7. Fliegerzuges (11. Klasse) in Rottweil im Dezember 1942 produzierten die Schüler einen "Rundbrief der NPEA Rottweil aus dem Jahre 1955", der die Wunschträume des Großdeutschen Reiches erkennen läßt bzw. Schüler-Humor von 1942. Gesendet wird der Rundbrief aus einem Pariser Hotel, also aus dem nach wie vor besetzten Frankreich, von drei Luftwaffenoffizieren, ehemaligen Zöglingen des Rottweiler Fliegerzuges. Ein Schüler erholt sich in einem Luftwaffenerholungsheim in Davos, das nun offensichtlich auch zu Deutschland gehört. Ein Hundertschaftsführer wird zum Obertausendschaftsführer ernannt, was auf die Zahl und die Größe der noch geplanten Napolas schließen läßt. Ein Lehrer bekommt Zwillinge, und zwar das 9. und 10. Kind, ein anderer wird Vorsitzender des Vereins "Entartete Kunst", usw.

7. Veränderungen durch die Kriegslage

Die Rottweiler Schule war immer kleiner geworden, sie zählte im Herbst 1942 nur noch etwa 100 Schüler, ähnlich wie Reichenau. Die jüngsten Rottweiler waren in Reichenau, der 8. Zug (12. Klasse) gestrichen, d.h., er war im Krieg. Und die Schüler des 7. Zuges (11. Klasse) wurden jetzt Flakhelfer in Friedrichshafen oder anderswo, oder sie waren beim Arbeitsdienst. Deshalb durfte Rottweil jetzt erstmals Werbung machen für die Kleinen ab der 5. und 6. Klasse, für die im Mai 1943 die erste Aufnahmeprüfung mit 80 Bewerbern stattfand. Das veränderte das Rottweiler Schulleben ab Herbst 1943 erneut stark.

Im Sommer 1943 gab es keine Manöver mehr, die Lage war für solche Kriegsspiele zu ernst geworden. Denn im August wurden auch schon Rottweiler Schüler des 6. Zuges (10. Klasse) als Luftwaffenhelfer einberufen. Nur die Reichenauer 1. und 2. Züge (5. und 6. Klasse) fuhren in den Schwarzwald. In Rottweil führte Hoffmann in der Napola die Eheweihe eines Altschülers durch, der unbedingt in seiner alten Schule heiraten wollte.

Im Schuljahr 1943/44 hatte Reichenau vier eigene Züge (Klassen 5 bis 8), hinzu kam der 4. Zug (8. Klasse) aus Rottweil, was auf einen Höchststand von 125 Schülern hinausläuft. Ansonsten werden die Informationen über Reichenau immer spärlicher. In Rottweil fand im Herbst 1943 eine gesonderte Aufnahmeprüfung für Evakuierte und Bombengeschädigte statt, um die bestehenden Züge aufzufüllen. Diese Bewerber kamen sicher nicht allein aus Württemberg. Die älteren Schüler wurden wieder bei der Kinderlandverschickung in Böhmen, Mähren und Slowakei eingesetzt. Der 5. Zug (9. Klasse) besuchte die Napola in Rufach und die Reichsschule in Achern, und wie in früheren Jahren wurden im Winter Skilager durchgeführt. Ab Ostern 1944 wurden in Rottweil zentrale Kurse für Luftwaffenhelfer aus den südwestdeutschen Napolas abgehalten.

Eine entscheidende Änderung trat im Oktober 1943 ein. Kurz nach seinem 40. Geburtstag gingen Hoffmanns Wünsche in Erfüllung, er kam endlich an die Front, zuerst zu einer Ersatz- und Ausbildungseinheit der Waffen-SS in Westfalen, dann bei den SS-Panzergrenadieren in Holland, im Juni 1944 in die Normandie. Die Leitung der Rottweiler Schule übernahm vorübergehend der Lehrer Schlichenmaier, die der Reichenau der Lehrer Volz, der von seiner Rottweiler Zeit an der Napola Backnang und im Kultministerium tätig gewesen war. Der Rottweiler 4. Zug (8. Klasse) kehrte aus Reichenau nach Rottweil zurück. Damit waren Rottweil und Reichenau im Grunde getrennt, es finden sich auch keine Informationen mehr über Reichenau in der Rottweiler Zeitschrift. Die Rottweiler Klassen erhielten jetzt Namen, und zwar die von gefallenen Altschülern.

Ende 1943 gab das badische Kultusministerium im Auftrag der Inspektion der Napolas eine neue Einteilung der Musterungsgebiete in Baden bekannt. Danach war jetzt Rufach außer dem Elsaß auch für die oberrheinischen Landkreise Lahr, Wolfach, Emmendingen, Freiburg, Müllheim und Lörrach zuständig, Reichenau außer den Schülern aus luftgefährdeten Gebieten nur noch für die Landkreise Villingen, Neustadt, Säckingen, Waldshut, Donaueschingen, Konstanz, Stockach und Überlingen. Für die mittel- und nordbadischen Landkreise wurde nun Achern ausdrücklich als Napola für Jungen angekündigt, doch dürfte sich bei dieser Neugründung in der letzten Kriegsphase nicht mehr sehr viel abgespielt haben. [37)]

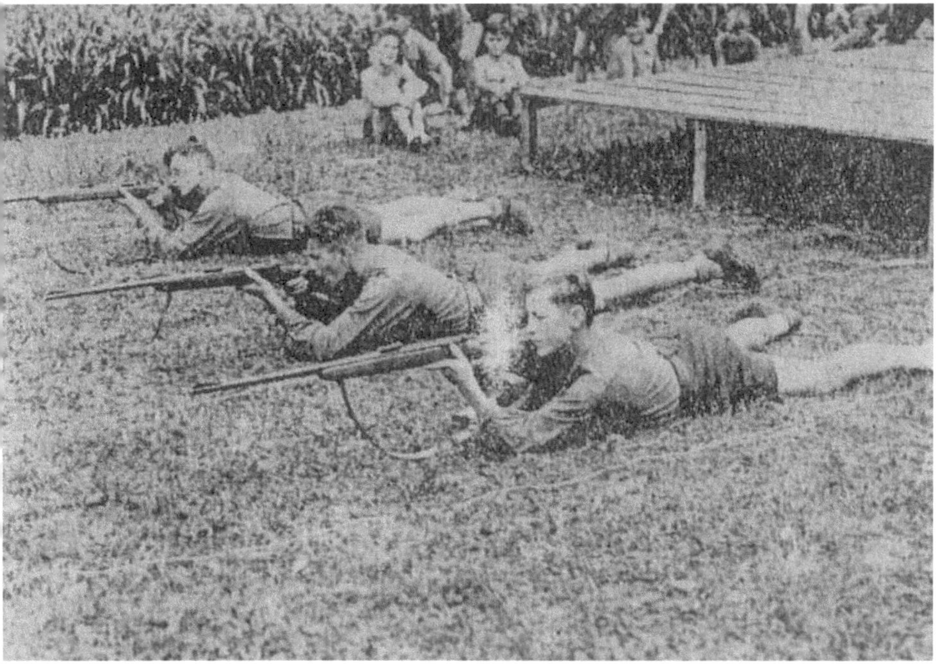

Schießen am Gästetag (17 Juli 1943)

Napola-Zug vor dem Direktor

Was in dieser Phase zunimmt, sind Besuche und Vorträge von Offizieren aller Waffengattungen bzw. der SS, Einladungen in Kasernen, z.B. zum MG-Schießen, Einsatz in Wehrertüchtigungslagern, Einladungen zu Fahrten auf dem Kreuzer "Nürnberg", auf einem KdF-Schiff bzw. im U-Boot. Im Februar 1944 fuhren 40 Schüler von Rottweil, Backnang und Reichenau auf Einladung des Heeres nach Verdun, Paris und zum Altlantikwall in der Bretagne. Sommermanöver und Gästetage ab es 1944 nicht mehr, doch fanden im Sommer noch Fahrten an den Bodensee, in die Alpen und an die Ostsee statt. Und im April 1944 hatten sich in Rottweil immerhin noch 98 Bewerber der Aufnahmeprüfung unterzogen. Die Lehrer selber erhielten jetzt alle einen SS-Rang. Der Referendar war der NPEA-Untersturmführer, der Studienrat der NPEA-Sturmbannführer und der Anstaltsleiter wurde zum NPEA-Oberführer.

Im August 1944 wurde Hoffmann in der Normandie verwundet und kam dann in ein Lazarett in Tuttlingen. Der Fronteinsatz, d.h. die Erkenntnis des militärischen Ungleichgewichts, hatte ihn offensichtlich ernüchtert. Den Altschülern schrieb er im Oktober über die Invasion: "Einmal hat sie uns gezeigt, wo unsere schwachen Stellen lagen. Wer von Euch im Westen dabei war, wird diese kennengelernt haben. Ich weiß auch, daß keiner von Euch sich durch Mangel an persönlicher Haltung an diesem Ausgang mitschuldig gemacht hat. Aber die bittere Erfahrung verlangt nun noch mehr von Euch: Ihr müßt Euch auch für das mitverantwortlich fühlen, was Eure Kameraden tun. Laß nichts unangefochten durchgehen, was Euch als Soldaten nicht richtig oder unwürdig erscheint. Welche Haltung die richtige ist, wißt Ihr ja als ehemalige Jungmannen einer NPEA am besten. Und jetzt habt ihr die Möglichkeit zu beweisen, daß die Altkameraden der NPEA-Anstalten tatsächlich das sind, was der Führer von ihnen erwartet und was der verstorbene Förderer unserer Ziele bei der Wehrmacht, General Schmundt, aus seiner Erfahrung heraus anerkannt hat: der nationalsozialistische Sauerteig zu sein in der Umgebung, in die Ihr gerade gestellt seid."[38] Es folgen weitere Durchhalteparolen. Die von den Deutschen geräumten Gebiete hatten nun "Gelegenheit, den Unterschied zwischen der deutschen Ordnungsmacht zu sehen, die ihr Land vor Hunger, Kälte und Bürgerkrieg geschützt hat und den westlichen "Befreiungsheeren", in deren Gefolge materielle Not, persönliche Unterdrückung und bolschewistisches Chaos marschiert". Am Denkschema hatte sich eigentlich nichts geändert. Hoffmann, der das Eiserne Kreuz II. Klasse und das Verwundetenabzeichen erhalten hatte, kam im November 1944 noch einmal zu einer Ersatzeinheit in Berlin, war aber nicht gesund und übernahm daher ab Januar 1945 wieder die Schule in Rottweil. Seine große Familie schickte er dann kurz vor Kriegsende nach Reichenau.

In Reichenau trat im Herbst 1943 eine weitere gewichtige Veränderung ein: es kamen Mädchen auf das Gelände. Die Schule des Klosters Hegne (Marianum) in der Nähe von Reichenau hatte zwischen 1941 und 1943 Volksdeutsche aus Siebenbürgen und dem Banat betreut. Seit 1941 setzte auch aufgrund von Äußerungen Hitlers ein starker Druck auf die verbliebenen privaten Schulen und Internate in Deutschland ein, ob kirchliche oder Landerziehungsheime oder andere, in Richtung einer Gleichschaltung. Auch Salem wurde im Sommer 1941 der Inspektion der Deutschen Heimschulen, also SS-Obergruppenführer Heißmeyer, unterstellt. Heißmeyer nannte diese Deutschen Heimschulen "Burgen des Führers". Er besuchte auch Salem und plante gleich, das markgräfliche Schloß abzureißen und durch "einen zweckmäßigen Neubau" zu ersetzen. Bedarf für

Internate war vorhanden, für Kinder von Kriegsopfern, Kinder von NS-Funktionären in besetzten Gebieten, Kinder von Auslandsdeutschen, uneheliche Kinder von SS-Angehörigen usw. Salem erhielt Anfang 1944 einen SS-Obersturmführer als kommissarischen Direktor, der die Schloßschule nach und nach in eine Napola umwandeln wollte[39].

Anfang 1943 wurde auch Hegne in eine Deutsche Heimschule für Mädchen umgewandelt, mit der die Ordensschwestern nichts zu tun hatten. Sie bleiben aber weiterhin in Hegne, auch wenn das Kloster heute andere Auskünfte über diese Zeit erteilt. Aus Achern/Illenau kamen drei Klassen mit 83 Mädchen und der neuen Schulleiterin, Frau Dr. Gertrud Wevers. Vor Achern war sie bereits in der österreichischen Mädchen-Napola Hubertendorf-Türnitz tätig gewesen, die sie als sehr althergebracht und katholisch-konventionell bezeichnete. Wie aus einem Brief von ihr an die Leiterin der österreichischen Schule hervorgeht, hoffte sie offensichtlich, aus Hegne eine Mädchen-Napola zu machen. Denn diese ersten Schülerinnen, Südtiroler und reichsdeutsche Mädchen waren nach Leistung ausgewählt worden. Unter ihnen müssen aus elsässische Schülerinnen gewesen sein, denn Frau Wevers äußerte sich in diesem Schreiben über die Schülerauswahl und sprach von "mancherlei Rücksichtnahmen auf politische Fragen im Elsaß, auf schulische Nachlässigkeiten während des Westfeldzuges". Inspekteur Heißmeyer persönlich hatte Frau Wevers Freiheiten eingeräumt, ein neues Modell einer Mädchen-Napola zu entwickeln. Mehrmals kam er selber zusammen mit der Reichsfrauenführerin nach Hegne. Deren Interesse an den Mädchen-Napolas war teils dienstlich, teils privat, da sie und Heißmeyer in dieser Zeit heirateten.

Der "Hegne-Traum" von Frau Wevers sah etwa so aus: Die Mädchen-Napola sollte erst mit der 7. Klasse beginnen. Neben dem Lehrplan der Deutschen Oberschule hatte jedes Schuljahr einen Schwerpunkt: in der 7. Klasse die Hausarbeit, in der 8. Klasse die Gartenarbeit, in der 9. Klasse das Kochen, in der 10. Klasse Sanitätsdienst, in der 11. Klasse der Helferinnenschein des Roten Kreuzes und in der 12. Klasse ein Praktikum im Krankenhaus. Die 13. Klasse war auch hier gestrichen worden. Das Leitbild dieses Napola-Konzeptes war die gebildete Mutter und Hausverwalterin, die über ihre Kinder Bildung in das Volk weitergab. Das Musizieren und der Musiklehrer, der einzige Mann an der Schule, spielten bei diesen ersten Hegner Klassen eine große Rolle.

Den Alltag in Hegne muß man sich so vorstellen: Vor dem Frühstück den Garten gießen oder Frühsport, mit Gesang zum Frühstück, vormittags Unterricht. Dazu gehörte auch Projektunterricht über einen längeren Zeitraum, z.B. Herstellung von Atlanten oder von Tanzkleidern. Nach der Mittagspause waren Hausaufgaben, Übungen und vor allem praktische Tätigkeiten in Haus und Garten angesetzt. In kleinen Gruppen konnten die Mädchen auch nach Konstanz ausgehen und das kontrollierte Taschengeld ausgeben, aber nicht beim Friseur. Die meisten trugen daher Zöpfe. Die Kontakte zur Bevölkerung waren nur sehr gering, zumal die Nonnen eher Negatives über diese Schule verbreiteten. An den Heimabenden gab es Polonaisen durch das Haus und Scharaden. Es wurden Briefe geschrieben, Märchen und Träume erzählt. Im Winter 1944 erschienen auch deutsche Offiziere zu den Heimabenden. Mit verteilten Rollen las man "Tell", "Egmont" und "Faust". Es wurden aber auch biblische Texte gelegen, und die Schülerinnen konnten auch zur Kirche gehen. Die Versorgung war eher gut. [40)]

Die neue Schule im Kloster Hegne entwickelte sich dermaßen rasch, daß sie bereits im Herbst 1943 Gebäude der Anstalt Reichenau zugewiesen bekam, die seit zweieinhalb Jahren leerstanden und nach der Räumung gar nicht renoviert worden waren. Damit war auch das elitäre Konzept von Frau Wevers über den Haufen geworfen, denn neben den Elite-Klassen mußten nun auch "normale" Klassen gebildet werden. Hegne, das eigentlich nur 100 Plätze hatte, wuchs auf 350 Schülerinnen an, wurde aber keine offizielle Napola mehr. Diese Entwicklung hängt mit der Kriegslage und den Kriegsverlusten zusammen, wie aus einem Schreiben des badischen Kultusministeriums, das jetzt in Straßburg saß und auch noch für das besetzte Elsaß zuständig war, an das Reichsbauamt in Konstanz hervorgeht: "Nach Mitteilung der Direktion der Deutschen Heimschule Hegne wohnen die in der NPEA Reichenau untergebrachten Schülerinnen der Deutschen Heimschule Hegne zum Teil in Räumen, die von den früheren Kranken ganz unsauber zurückgelassen worden sind. Da die sofortige Einrichtung der Deutschen Heimschulen vom Führer trotz der kriegsbedingten Schwierigkeiten angeordnet worden ist und da diese Schulen durch die Aufnahme von Kindern gefallener oder an der Front stehender Soldaten sowie von Kindern aus fliegergeschädigten Familien kriegswichtige Aufgaben erfüllen, bitte ich, den Erfordernissen der Deutschen Heimschule Hegne durch die Instandsetzung der Räume zu entsprechen". Die Mädchen wurden auf der Frauenseite in den Gebäuden B1, B3, B4, B5 und einem Teil von B6 untergebracht. [41)] Diese Entwicklung war sicher nicht im Sinne Hoffmanns, denn Mädchen spielten in der Erziehung der Napola-Schüler keine Rolle, abgesehen von der Tanzstunde für die älteren Schüler in Rottweil. Von einer Koedukation waren die Napolas weit entfernt. Vielleicht hatte hier auch die öffentliche Kritik an der ausschließlichen Nutzung der weitläufigen Anlage durch die kleine Napola mitgespielt.

Die sexuelle Erziehung der Jungmannen wurde zumindest in der Literatur angesprochen: "Die sexuelle und geschlechtliche Erziehung wird endlich in den Kameradschaften und Familien der Erzieher angebahnt und in der Zusammenarbeit mit dem BDM und den nationalpolitischen Mädchenerziehungsanstalten gelöst. Volks- und Gesellschaftstanz, gemeinsame Feste und Feiern, gemeinsames Theaterspiel, Musik und Kunsterleben, Volkstumsarbeit und Volksfürsorge sowie das gemeinsame Mahl sind die wesentlichen Formen, die diese Erziehung annimmt." [42)]

Verflechtung der südwestdeutschen Napolas

Evakuierung 1944/45

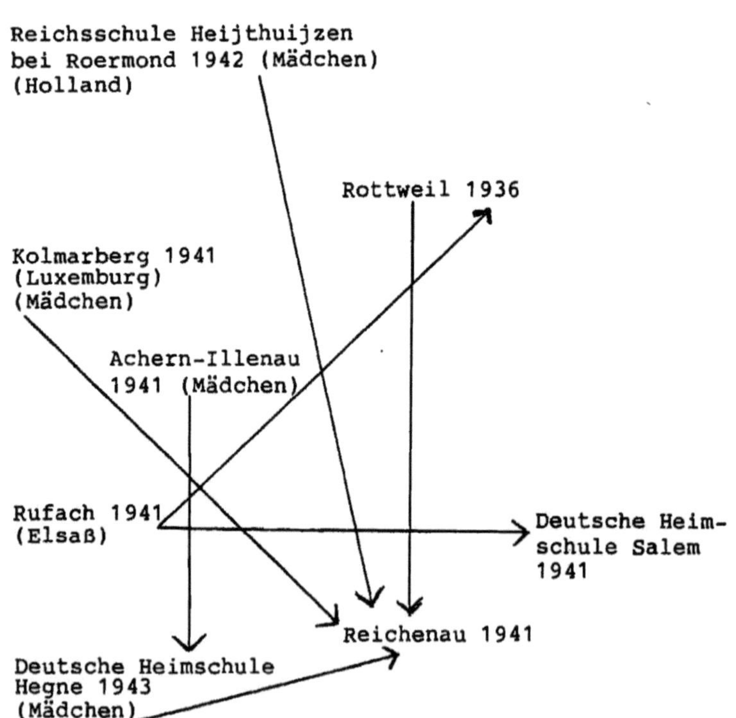

8. Das Ende: Evakuierungen und Auflösung

Von einem normalen Schulbetrieb konnte im Herbst 1944 nicht mehr die Rede sein. Wieviele Schüler sich für Reichenau jetzt noch beworben haben und neu aufgenommen wurden, ist nicht bekannt. Das letzte Merkblatt von Anfang 1945 warb für die Aufnahme zum 1. Mai 1945. Und die Schüler, die da waren, wurden nun für kriegswichtigere Dinge eingesetzt, die älteren nämlich zu Schanzarbeiten im Elsaß. Und von diesen älteren Schülern in Reichenau sind dann vier sogar noch Soldaten geworden. Die Napola-Schüler im Elsaß wurden von der HJ-Führung mit Pistolen ausgestattet, um die beteiligten BDM-Mädchen zu schützen, in deren Zelte immer wieder aus Frankreich zurückströmende deutsche Soldaten einzudringen suchten. Die Moral dieser sogenannten "Cognac-Divisionen" hatte inzwischen gelitten (Aufzeichnungen W.L.). Der in Reichenau gebliebene 3. Zug (7. Klasse) mußte im Wald Jungholz für die Auskleidung von Schützengräben (Faschinen) schlagen und erhielt eine infanteristische Grundausbildung. Auch die Mädchen von Hegne wurden zum Holzsammeln oder in Lazaretten eingesetzt.

Ein Reichenauer Schüler, der 1941 eingetreten und im September 1944 wegen seiner Leistungen Jungmannzugführer geworden war, berichtet über die Rückkehr vom Westwall: "Im Herbst 1944 mußten wir zum Schanzen nach Ostfrankreich. Es war in der Nähe von St. Dié. Ende Oktober wurden wir wieder abgezogen und absolvierten einen 100-km-Marsch bis in die Nähe von - ja wo? Ich weiß es nicht mehr. Beim Aufstieg in die Vogesen hatten wir fürchterlichen Durst. In einem Dorf standen zwei Ziehbrunnen. Alle tranken am rechten Brunnen, Kamerad F. und ich am linken. Einige Tage später bekamen wir hohes

Fieber und konnten uns gerade noch bis zur Anstalt retten. Beide hatten die Ruhr. Der Brunnen war vergiftet.

Drei oder vier Tage lagen wir in einem bedenklichen Zustand im Lazarett. Die Versorgung war vorzüglich. Anschließend kamen wir 6 Wochen in Quarantäne: Nach einigen Wochen grausamer Langeweile brachte mir nachts mein bester Kamerad durchs Fenster einige Bücher. Die Schwester entdeckte dies. Es hatte böse Folgen nach meiner Lazarettentlassung. Wegen Disziplinlosigkeit und vor allem, weil ich den Namen meines Kameraden nicht nannte, wurde ich vor versammelter Mannschaft auf dem Appellplatz degradiert und danach schikaniert. Ich konnte diese Maßnahme nie begreifen, da ja nur Bücher hineinkamen, aber keine hinaus, die eine Infektion hätten verursachen können. Ab diesem Zeitpunkt war für mich die Napola gestorben."

Kennzeichnend für diese Schlußphase des Krieges ist, daß die Reichenau als Rückzugs- und Evakuierungszentrum diente, was von ihrer geographischen Lage in der Nähe der Schweizer Grenze auch verständlich ist. Während die Jungen von Rufach im Herbst 1944 nach Salem und Rottweil evakuiert wurden, kamen die Mädchen-Napolas nach Reichenau bzw. nach Hegne. Nach Reichenau kam im September 1944 die Mädchen-Napola Kolmarberg in Luxemburg unter Leitung von Frau Dr. Hedwig List. Diese Schule war anfänglich eine Filiale der ersten Mädchen-Napola Hubertendorf-Türnitz in Österreich gewesen, d.h., ihre oberste Klasse kam aus Österreich nach Luxemburg, um dort eine Mädchen-Napola in Gang zu bringen. Die weiteren Schülerinnen kamen aus dem ganzen Reich und auch aus Luxemburg. Über die österreichische Schule liegt ein Bericht in der "Frankfurter Zeitung" vom 4. Januar 1942 vor. An die Stelle der einheitlichen Uniform trat bei diesen Mädchen das

Fleißige Mädel — tüchtige Frauen

Weibliche Jugend in der Nationalpolitischen Erziehungsanstalt

Während es schon eine große Anzahl nationalpolitische Erziehungsanstalten für Jungen gibt, bestehen bis jetzt erst zwei für Mädel. Die NPEA. *Türnitz* für zehn- bis vierzehnjährige Mädel und die NPEA. *Hubertendorf* für vierzehn- bis achtzehnjährige, beide im Gau Niederdonau. Eine weitere Anstalt in *Baden* ist in Vorbereitung. Der Aufbau der NPEA. im ehemals großherzoglichen Schloß in *Colmar-Berg* in Luxemburg wird tatkräftig in Angriff genommen.

Ein Zug — sonst Klasse genannt — ist von Hubertendorf nach Luxemburg übergesiedelt, ein weiterer Zug von Mädeln aus allen Teilen des Reiches ist neu zusammengestellt worden. Auch Luxemburgerinnen können sich um die Aufnahme bewerben. Dabei entscheiden keineswegs finanzielle oder standesgemäße Voraussetzungen, sondern *allein die Veranlagung. Leistung und Führung* der Mädel. In einer achttägigen Aufnahmeprüfung werden die charakterlichen, geistigen und körperlichen Fähigkeiten und Eigenschaften der Mädel ermittelt. Eltern, deren Einkommenslage die Zahlung eines Erziehungsbeitrages nicht zuläßt, können von der Zahlung befreit werden.

Wie sorgsam und vielseitig, wie wesensgemäß und natürlich die Erziehung der Mädel in der NPEA. ist, beweist ein Rundgang durch die schönen Räume des Schlosses in Colmar-Berg und ein Besuch bei den verschiedenen Unterrichtsgruppen. Neben dem *wissenschaftlichen Unterricht*, der nach dem Plan der Oberschule verläuft und mit dem Abitur abschließt, wird besonderer Wert auf die *Ausbildung in allen Gebieten fraulichen Schaffens* gelegt. So treffen wir eine Gruppe Mädel mit bunten Kopftüchern und roten Wangen eifrig am Herd der großen Schloßküche beschäftigt. Unter der Leitung einer Erzieherin wird das Mittagessen für die ganze Schulgemeinschaft gekocht: Suppe, Gemüse, Kartoffeln und Fleisch, und eine süße Speise. Sogar verschiedene Kuchen für den Sonntag werden gebacken. Eine ausführliche theoretische Besprechung ist der praktischen Arbeit vorangegangen.

Eine andere Mädelgruppe hat Waschdienst; wir treffen sie beim Einweichen und Kochen, beim Wäschelegen und Rollen. Auch hier wird alles vorher eingehend besprochen. Handarbeiten, Krankenpflege, Gartenbau, Kinderbetreuung und alle anderen wichtigen fraulichen Tätigkeiten stehen gleichfalls auf dem Stundenplan. Bei der praktischen Hilfe im Kindergarten, in der Nachbarschaftshilfe bei vielbeschäftigten Müttern im Ort können die Mädel alles, was sie im Unterricht lernen, gleich nützlich verwerten. Während die Weihnachts- und die Osterferien für die Heimkehr in die Familie bestimmt sind, wird ein Teil der großen Ferien für den *praktischen Einsatz* im Fabrikdienst, in der Land- oder Familienhilfe oder in sozialen Diensten verwendet. Auch hierbei können die Mädel ihr Schulwissen in die Wirklichkeit umsetzen und mitten im Alltag sich praktisch bewähren.

Neben der wissenschaftlichen und hausfraulichen Ausbildung steht in den Nationalpolitischen Erziehungsanstalten gleichwertig die *körperliche Ertüchtigung*. Das frische, gesunde Aussehen der Mädel, ihre Begeisterung für den morgendlichen Frühsport und die Spiel- und Sportstunden, ihr Stolz auf die selbstangelegte Sprunggrube im Schloßpark um den großen Schwimmteich zeigen, wie gut sich die Sportarbeit in das Gesamtprogramm einfügt. Aber auch die *musische Erziehung* hat ihren bedeutsamen Platz. Der kostbar ausgestaltete Empfangssalon dient jetzt als Musikzimmer. Ebenso gehört die Ausgestaltung einer Feierstunde, eines Stegreifspiels und eines Märchennachmittags zu den Schulaufgaben der Mädel auf der NPEA.

In einer geschichtlich bedeutsamen, kulturell reichen und schönen Umgebung wachsen die Mädel heran. Unter der Führung von jungen, naturverbundenen und fraulichen Erzieherinnen entwickeln sie sich zu lebensvollen, gemeinschaftsbewußten jungen Menschen. Eine Auslese aus der jungen weiblichen Generation wird zur besten Entfaltung aller Kräfte geführt.

Hildegard Zimmermann

Deutsche Zeitung in der Schweiz 16. Mai 1942

einheitliche Dirndlkleid. Die Disziplin wirkt hier "milder, anmutiger". Man versucht, "die Mädchen in ihrem Gebaren mädchenhaft zu erziehen, natürlich nicht im Sinne bekannter Jungmädchenbücher von ehedem". Sie hatten den gleichen Lehrplan wie die Napolas für Jungen, nur war der Felddienst durch Gartenbau, Hauswirtschaft und Säuglingspflege ersetzt. Die Berufswünsche der ersten Abiturientinnen betrafen vor allem Laborantin, Lehrerin, Arbeitsdienstführerin, "die sie erreichen wollen, ehe sie Frauen werden und einen eigenen Wirkungskreis gewinnen. Im Beruf und in der Familie sollen sie im Sinne ihrer Erziehung wirken, insbesondere sollen sie, wie es in einem Merkblatt der Mädchenanstalt heißt, "Sitte und Brauchtum in neuem Sinne, der der nationalsozialistischen Weltanschauung entspringt, pflegen"". Letztlich war die Ausbildung also nur Übergangsphase zu Ehe und Mutterschaft. In dem einzigen bekannten Bericht über die Luxemburger Schule wird die Zukunftsperspektive dieser Mädchen gar nicht behandelt, sondern die besondere Betonung der "Ausbildung in allen Gebieten fraulichen Schaffens" hervorgehoben. Immerhin mußten auch die Mädchen in den Sommerferien einen praktischen Einsatz in der Fabrik, der Land- oder Familienhilfe oder in sozialen Diensten ableisten. Sport und musische Erziehung ergänzten das Programm, das so zusammengefaßt wird: "In einer geschichtlich bedeutsamen, kulturell reichen und schönen Umgebung wachsen die Mädel heran. Unter der Führung von jungen, naturverbundenen und fraulichen Erzieherinnen entwickeln sie sich zu lebensvollen, gemeinschaftsbewußten jungen Menschen. Eine Auslese aus der jungen weiblichen Generation wird zur besten Entfaltung aller Kräfte geführt." [43]

Im besetzten Holland

Einrichtung Nationalpolitischer Erziehungsanstalten

Berlin, 25. Juni. (**Tel. unseres E. G.-Korr.**) Der Reichskommissar für Holland, Seyß-Inquart, hat sogenannte „Reichsschulen" gestiftet, die nach den Sommerferien eröffnet werden. Sie bilden ein Gegenstück zu den Nationalsozialistischen Erziehungsanstalten in Deutschland und dienen dem gleichen Ziel, der Ausbildung des politischen Nachwuchses. Sie entsprechen den früheren preußischen Kadettenschulen. Die Schüler, die sie durchlaufen haben, können die Universität besuchen. Interessant daran ist vor allem, daß sie gemischt sind, d. h. daß sie deutsche und holländische Erzieher und Schüler beherbergen, die auch zusammenarbeiten sollen. Die Reichsschulen haben offensichtlich den Zweck, wie so manche andere Maßnahmen der deutschen Behörden, die ursprüngliche staatliche Selbständigkeit Hollands allmählich aufzulösen. Der Hauptreferent für das Erziehungswesen beim Reichskommissar, Dr. Kemper, erklärte denn auch, die Gründung der Reichsschulen rechtfertige sich, weil der „Führernachwuchs für die großgermanische Gemeinschaft im neuen Europa" gesichert werden müsse.

Neue Zürcher Zeitung Nr.1011, 26.Juni 1942

Die Evakuierung der Schule Kolmarberg, die in geordneten Bahnen verlaufen war, wurde in der "Bodensee-Rundschau" vom 21. November 1944 mitgeteilt. Sie führte ihren Schulbetrieb in Reichenau weiter, in Erinnerung geblieben sind den Schülern musische Aufführungen dieser Mädchenklassen. Die Schule führte die oberen Züge 4-8 (Klassen 8-12) und plante für Ostern 1945 einen 3. Zug (7. Klasse), für den man sich jetzt noch bewerben konnte. Aus Holland kamen im September deutsche und holländische Mädchen der Reichsschule Heijthuijzen bei Roermond. Diese Evakuierung war chaotisch verlaufen, da die Mädchen gerade von einer Alpenfahrt zurückgekommen und in Ferien waren, als in Holland die Evakuierung angesetzt worden war. Außerdem kam noch die Reichsschule/Deutsche Heimschule Achern/Illenau nach Hegne und Reichenau, die Jüngeren eher nach Reichenau, die Älteren eher nach Hegne.[44] Dieses Evakuierungsprogramm zeigt auch, wie großzügig nach wie vor die Platzverhältnisse in der ehemaligen Anstalt Reichenau waren. Und noch am 23. Februar 1945 gab der Musiklehrer der Napola zusammen mit drei anderen Musikfreunden ein Kammerkonzert mit klassischer Musik.

Eine Schülerin, die aus Königsberg stammte, schreibt: "Zum Juni/Juli 1944 wurden meine beiden Schwestern und ich in die Illenau/Achern geschickt, und zwar durch Vermittlung eines Kollegen meines Vaters. Die Schwester dieses Kollegen, Dr. Keith, war Anstaltsleiterin der Illenau. Meine Mutter stand im Medizinischen Staatsexamen (mein Vater war 1941 gestorben) und wollte uns Kinder im "Reich" in Sicherheit bringen. Etwa im September/Oktober wurde die Illenau aufgelöst, und da wir nicht nach Ostpreußen zurücksollten, wurden wir weitergeschickt auf die Reichenau. Meine Königsberger Schulfreundin war zu der Zeit schon in Hegne.

Da ich gerne mit ihr zusammen sein wollte, ging ich zur Hegner Anstaltsleiterin, Frau Dr. Wevers, und trug meinen Wunsch vor. Unter der Bedingung, daß ich ca. 1 Jahr Latein nachholen würde, wurde ich aufgenommen. Die Hegner Züge (Klassen) hießen L 5..., im Gegensatz zu Reichenau U 5, wenn ich mich recht erinnere. In meiner Klasse, ca. 15 - 20 Mädchen, war ein hoher Prozentsatz Schwaben, die ich anfangs nicht verstand, wenn sie untereinander schwätzten. 2 Mädchen stammten aus Dresden, eine aus Berlin, eine aus Danzig, einige aus dem badischen Raum...Schulbetrieb: Internat unter politischen Vorzeichen: Frühsport, Morgenappell, natürlich Anwesenheitspflicht, wenn der Führer sprach. In der Freizeit Kontakte zu den Reichenauer Schulen, Volkstanz mit den "Jungmannen" der Napola, aus denen sich so manches Pärchen bildete. Dabei war es ein Sport, abends zum Kellerfenster auszusteigen und sich zu treffen!"

Was im einzelnen aus diesen Mädchen bei Kriegsende geworden ist, insbesondere den holländischen und luxemburgischen Schülerinnen, ist nicht bekannt. Die Südtiroler Mädchen wurden im Februar 1945 von ihren Eltern abgeholt. Überliefert ist die Eheschließung zwischen einem Reichenauer Schüler und einem holländischen Napola-Mädchen nach dem Krieg. Hegne wurde im April 1945 aufgelöst, wer noch nach Hause fahren konnte, wurde heimgeschickt. Die übrigen kamen in die Küche des Konstanzer Krankenhauses. Das Kloster, das sein Mutterhaus in der Schweiz hat, erhielt von der Schweizer Konsularagentur in Konstanz einen Schweizer Schutzbrief.

Vom 7. Dezember 1944 datiert ein Führerbefehl, wonach der gesamte Offiziersnachwuchs des Heeres und der Waffen-SS künftig nur noch aus den Napolas und den Adolf-Hitler-Schulen kommen sollte. Für die Personalpolitik der Wehrmacht hatte dies keine Bedeutung mehr. Doch in dem Exemplar, das an die Konstanzer Stadtverwaltung gelangte, ist der letzte Satz unterstrichen: "Hierdurch sind diese Schulen für jeden Zugriff zu Gunsten anderer Zwecke gesperrt." [45] Damit konnte die Reichenauer Napola bis kurz vor Kriegsende alle Bemühungen abwenden, die Räumlichkeiten der ehemaligen Heil- und Pflegeanstalt einer sinnvolleren Nutzung zuzuführen. Noch im Frühjahr 1945 wurden im Auftrag der Inspektion der Napolas an allen Gebäuden Renovierungsarbeiten über 12.000 RM durchgeführt (Imprägnierungen), für die das Reichsbauamt Konstanz noch im Mai 1945 Geld bei der in Konstanz weilenden Oberfinanzkasse Baden zugunsten der Handwerker anforderte. Während in Konstanz jedes verfügbare Gebäude in ein Lazarett umgewandelt wurde, gelang dies in Reichenau und Hegne erst ganz kurz vor Kriegsende. [46]

Über das Ende in Rottweil haben wir den Bericht des Verwaltungsbeamten Paul Vollmer, der in den letzten Kriegswochen vom Karlsruher Rechnungshof nach Rottweil gekommen war. Danach wurden die jüngeren Schüler des 1. und 2. Zuges (5. und 6. Klasse) nach Hause geschickt, die älteren wurden noch beim Volkssturm in der Nähe von Spaichingen eingesetzt, worüber diese Schüler in der Rottweiler Festschrift von 1993 berichten. Von Heißmeyer, jetzt General der Waffen-SS, war die Anweisung gekommen, die Napolas im Rahmen der Volkssturms zu bewaffnen. Sie sollten "feste Stützpunkte des Kampfes" werden, vor allem auch deshalb, weil die meisten Napolas, im Gegensatz zu Rottweil, isolierte Anlagen im freien Gelände waren. Die mittleren Jahrgänge (3. und 4. Zug/7. und 8. Klasse) wurden evakuiert, teils nach Reichenau, teils nach Salem, teils nach Binzwangen bei Riedlingen. Von dort ging es dann noch weiter bis ins Kleine Walsertal, wo die Rottweiler auch auf Backnanger Napola-Schüler stießen.[47] Beim Einmarsch der Franzosen in Rottweil war Direktor Hoffmann nicht mehr dabei, er war untergetaucht, und zwar gleich für ein paar Jahre. Bei seiner Position und ideologischen Einstellung hätte er 1945 bei den Franzosen sicher einige Probleme zu erwarten gehabt. Ein Rottweiler Schüler drückte sich so aus, er habe sie 1945 alle im Stich gelassen. Der Backnanger Direktor nahm sich das Leben.

In Reichenau wurden die ältesten Schüler (5. Zug/9. Klasse) ins Allgäu geschickt, die übrigen nach Hause, soweit dies möglich war. Es wird berichtet, daß die Franzosen am 26. April, dem Tag der Besetzung, Napola-Schüler mit Lastwagen auf dem Bodanrück einsammelten und nach Konstanz brachten. Wo die Lehrer bei der Besetzung waren, ist im einzelnen nicht bekannt, außer im Fall L., der sich mit einer Volkssturmeinheit bei Wiechs am Randen in die Schweiz absetzen konnte und bis 1947 in der Schweiz interniert blieb. Die Lehrerfamilien erlebten jedenfalls am 26. April die Besetzung von Reichenau. Sie mußten auf der Stelle das Anstaltsgelände verlassen und wurden notdürftig in den Schulhäusern von Allensbach und Hegne einquartiert. Es scheint aber zu keinen Gewalttätigkeiten auf dem Anstaltsgelände gekommen zu sein. Die Direktorin von Hegne wurde von den Franzosen verhaftet. Die Franzosen richteten in der ehemaligen Heil- und Pflegeanstalt ein Militärkrankenhaus ein (Centre hospitalier divisionnaire), in dem auch noch befreite französische KZ-Häftlinge aus Dachau gepflegt wurden. Hinzu kamen ab Sommer 1945 und in den folgenden Sommern bis zu 400 französische Kinder zur Erholung (Aerium), die auf der

Frauenseite untergebracht wurden.[48] Von den Akten der Reichenauer Napola ist am Ort selber so gut wie nichts mehr übriggeblieben. Es wird berichtet, daß die französischen Kinder im ersten Sommer zum Teil mit den Restbeständen an Napola-Uniformen eingekleidet wurden. Das hätten sich Michel Tournier und sein Oger Abel Tiffauges auch nicht träumen lassen. Der Gutshof wurde schon im Sommer 1947 von den Franzosen freigegeben, die Psychiatrie konnte aber erst Ende 1949 wieder einziehen und provisorisch den Betrieb aufnehmen. Die Umbenennung in "Psychiatrisches Landeskrankenhaus Reichenau" (PLK) erfolgte Ende 1953. Seit kurzem heißt das PLK "Zentrum für Psychiatrie".

Nationalpolitische Erziehungsanstalt für Mädel in Reichenau

In den für den Westen so unruhigen Septembertagen dieses Jahres ist die Nationalpolitische Erziehungsanstalt in Reichenau auch zur Heimstatt für eine Schwesteranstalt geworden, die als Nationalpolitische Erziehungsanstalt für Mädel bis dahin auf Luxemburgs Boden ihren Sitz hatte. Diese Anstalt, Kolmarberg, sieht ihre Aufgabe darin, begabte, charakterlich wertvolle Mädel in der Gemeinschaft gleichaltriger aller Stände und aus den verschiedensten Landschaften zu tatkräftigen und für unsere deutsche Aufgabe einsatzbereiten Menschen zu erziehen. Diese Mädel erfahren eine vielseitige und sorgfältige Ausbildung, die sie für ihre späteren Aufgaben vorbereiten soll. Die Anstalt führt die den gleichen Klassen der Oberschulen entsprechenden Züge 4 bis 8 und wird ab Ostern auch einen dritten Zug führen. Die Abschlußprüfung bringt den Mädeln die Hochschulreife. In die Züge 3 und 4 sind Aufnahmen noch möglich.

Bodensee-Rundschau, 21.November 1944

9. Nachwirkungen und Erinnerung

Im Gegensatz zu den Lehrern der Adolf-Hitler-Schulen sind die Lehrer der Napolas im allgemeinen später wieder in den staatlichen Schuldienst übernommen worden. Sogar Direktor Hoffmann wurde wieder eingestellt, als Lehrer an einem Progymnasium am Fuß der Schwäbischen Alb, er durfte allerdings nicht mehr Geschichte unterrichten. Von den Schülern aus dieser Zeit wird er als sehr befähigter Pädagoge beschrieben. Für die Freien Wähler wurde er auch in den Gemeinderat gewählt. Mehrere Napola-Lehrer aus Backnang, Reichenau und Rottweil wurden später Oberstudiendirektoren in Baden-Württemberg, ein anderer, der neben der Napola als Propagandaredner auftrat, wurde Gymnasialprofessor und wirkte als Vertreter des Kultusministeriums bei Staatsprüfungen in Pädagogik und Philosophie an der Universität Tübingen mit.

Hatten die Lehrer vielleicht eine mehrjährige Entnazifizierungspause hinzunehmen, so mußten die Schüler ihre Napola-Vergangenheit zunächst in anderer Weise ausbaden. Zumindest in Konstanz lehnten Besatzungsoffiziere und Schulleiter im Herbst 1945 die Aufnahme dieser "Nazi-Schüler" in die Gymnasien bei deren Wiedereröffnung ab. Mehrere Erlasse des badischen Kultusministeriums in Freiburg bestätigten diese Ausgrenzung von Schülern der Napolas und Adolf-Hitler-Schulen. Ab Januar 1946 behielt sich die französische Militärregierung von Baden die letzte Entscheidung vor.[49)] Das brachte vor allem den damals 13-15jährigen einen Knick in ihrer Bildungslaufbahn. Da sie nicht ins ungewisse waren konnten, ob ihre Schulaussichten sich verbessern würden, nahmen viele von ihnen irgendeine praktische Tätigkeit oder Ausbildung an und erreichten keine weiteren Schulabschlüsse mehr oder aber nur über Umwege. Einer dieser Ausgegrenzten von 1945/46 schrieb bitter, als er von den Nachkriegskarrieren seiner Napola-Lehrer hörte: "Diese zwei Jahre Ausgrenzung hängt einem lange in den Kleidern. Dafür hätten unsere sogenannten "Erzieher" aber keinesfalls wieder in den Staatsdienst gelangen dürfen." Ein Schüler einer Reichenauer Klasse gibt nach 50 Jahren die Berufe seiner Mitschüler so an: Kaufmännischer Angestellter, Zahnarzt, Photograph, Techniker, Elektromeister, Musikprofessor, selbständiger Vertreter, Polier, Lehrer, Tierarzt. Ein Rottweiler Schüler, dessen Klasse zeitweise auch nach Reichenau verlegt worden war und der 1949 das Abitur ablegte, nennt bei den Teilnehmern seiner Klasse an regelmäßigen Treffen in den letzten Jahren folgende Berufe: Prokurist, Oberstudiendirektor, Diplomingenieur, Zahnarzt, Forstbeamter, Architekt, mehrere Ingenieure.

Im Raum Rottweil scheint es nach Schülerberichten ähnliche Probleme mit den Franzosen gegeben zu haben, was die Rottweiler Festschrift allerdings nicht erwähnt. Auch an der Universität Tübingen bekamen die Rottweiler und Backnanger Napola-Abiturienten kurz nach dem Krieg Schwierigkeiten.[50] Offensichtlich setzte auch schon unmittelbar nach Kriegsende eine Legendenbildung über die Funktion der Napolas ein. So brachte die Schweizer Illustrierte "SIE UND ER" in einem Bildbericht vom 28. September 1945 die Rottweiler Napola mit der Aktion "Lebensborn" als Zuchtanstalt einer "germanischen Edelrasse" in Verbindung.

Wie sieht die Napola im Rückblick der 70er Jahre aus der Sicht eines Rottweiler und Reichenauer Lehrers aus: "Die NPE-Anstalten haben gezeigt, was sich mit einer (auch wissenschaftlich) ausgelesenen, beschränkten Schülerschar in kurzer Zeit erreichen läßt. Warum ziehen wir daraus keine Folgerungen?... Der

Bad.Ministerium
des Kultus und Unterrichts
- Franz.Besatzungsgebiet -

Freiburg, den 18. Mai 1946.
Tel. 2256.

Nr. B. 3487.

Aufnahme von Schülern.

An die
Direktionen der Höheren Schulen einschließlich der Privatschulen.

Unter Bezugnahme auf unseren Runderlass vom 18. Januar 1946 Nr. FB 239 machen wir nachdrücklich darauf aufmerksam, daß die von der Militärregierung Baden vom Besuch einer bestimmten Höheren Schule ausgeschlossenen Schüler selbstverständlich auch in keine andere Höhere Schule des französische Besatzungsgebietes aufgenommen werden dürfen. Da es nicht möglich ist, jede Einzelentscheidung durch Runderlass bekannt zumachen, weisen wir allgemein daraufhin, daß die Schulleiter bei der Anmeldung von Schülern sorgfältigst zu prüfen haben, ob die Voraussetzungen für eine Aufnahme in politischer Hinsicht vorhanden sind. Für widerrechtlich erfolgte Aufnahmen hätten sie die Verantwortung zu tragen.

A.A.

W o h l e b

Beglaubigt:
Angestellte.

Ministerium
des
Kultus und Unterrichts.

Freiburg i/Br., den 27. Nov. 1945.
Universität.

Nr. F. B. 1973.

Schüleraufnahmen.

An die Direktionen der Höheren Schulen einschl. der staatl. anerkannten Privatschulen.

Aus gegebener Veranlassung ordnen wir an, daß Schüler der ehemaligen Nationalpolitischen Erziehungsanstalten und Adolf Hitlerschulen nur mit unserer vorherigen Zustimmung in die höheren Schulen aufgenommen werden dürfen. Zur Vermeidung von Mißverständnissen weisen wir darauf hin, daß diese Anordnung auf Schüler der früheren Deutschen Heimschulen und Staatlichen Jnternatsschulen keine Anwendung findet.

A. A.

gez. W o h l e b .

ausgedehnte Werkunterricht, in dem neben den offiziell gewünschten Flugzeug- und Schiffsmodellen auch eine ganze mittelalterliche Stadt (mit Limburger Dom und Ulmer Münster) entstand, gab historischen Studien wie technischem Zeichen einen mächtigen Auftrieb. Die Chancengleichheit war dazu vollkommen: Der Enkel Schlieffens wurde entlassen, der Sohn eines Stadtarbeiters stand in hohen Ehren als Gefolgschaftsführer (heute würde man sagen: Schulsprecher). Die Söhne von zwei Kreisleitern wurden ebenfalls vor Erreichung des Zieles nach Hause geschickt. Dabei war eine ganz wesentliche Maßnahme die Gleichheit des Taschengeldes. Zwar konnte sich der Industriellensohn beim Vorzeigen der Rechnung etwa einen guten Photoapparat finanzieren, aber zum persönlichen Gebrauch stand ihm nicht mehr zur Verfügung als seinen proletarischen Kameraden. Die Bewährung bei harter Arbeit auf dem Land, in der Fabrik und im Bergwerk (damit in fremdem Milieu) setzte einen ganz neuen Akzent; sie entsprach etwa dem produktiven Jahr in der DDR, auch wenn es sich um kürzere Zeitspannen handelte. Als willigere Schüler, sozial sachkundig und nachdenklich geworden, kehrten sie zurück. Motorrad-, Auto-, Segelflug- und Motorflugausbildung gehören zum Schulstoff und bildeten einen Bestandteil des Abiturs so gut wie eine Grundausbildung in Boxen, Kleinkaliberschießen und Skifahren... Der nationalsozialistische Grundton der ganzen Erziehung ist zu tadeln, und zwar nicht nur aus politischen Gründen, sondern weil grundsätzlich die Erziehung zum Problembewußtsein vernachlässigt wurde. Kritik blieb also auf einen bestimmten, nicht überschreitbaren Rahmen beschränkt. Diese nachträgliche Selbstkritik ist umso schmerzlicher, als der damalige Idealismus, der so gar nicht an Geldfragen interessiert war (aber glücklich machte), sich als äußerst fragwürdig, weil so leicht zu mißbrauchen, erwiesen hat... Der äußere Betrieb war (wie hätte es

Ministerium
des
Kultus und Unterrichts.
Nr. F. B. 239.

Freiburg i/Br., den 18. Januar 1946.
Tel. 390.

Schulbesuch.

An die Direktionen der Höheren Schulen einschl. der Privatschulen und die Délégations de Cercle.

Wie uns die Militärregierung mit Schreiben vom 9. Januar mitgeteilt hat, sind folgende Schüler und Schülerinnen vorläufig vom Besuch der öffentlichen und privaten Schulen ausgeschlossen:

1) die einen der nachstehenden oder einen höheren Rang in der Hitlerjugend bezw. im BdM innegehabt haben:
Gefolgschaftsführer,
Fähnleinführer,
Mädelgruppenführerin,
Jungmädelgruppenführerin,

2) die Funktionen ausgeübt haben, die denjenigen
eines Jungstammführers,
einer Mädelringführerin,
einer Jungmädelringführerin
entsprechen,

3) die Schüler und Schülerinnen der ehemaligen Nationalpolitischen Erziehungsanstalten, Adolf Hitlerschulen und anderer Parteischulen.

Anträge auf Zulassung der unter diese Bestimmungen fallenden Schüler sind von den Erziehungsberechtigten der Schulleitung vorzulegen, die sie mit Stellungnahme der Lehrerkonferenz an den Délégué du Cercle weitergibt, von wo sie der Militärregierung Baden zur Entscheidung überreicht werden.

Der Runderlaß vom 27. November Nr. F. B. 1973 ist hiermit aufgehoben. Die hier vorgelegten Anträge sind erneut bei der nunmehr zuständigen Stelle einzureichen; bisher erteilte Genehmigungen verlieren ihre Gültigkeit.

Im Falle der Genehmigung haben die Schüler gemäß Anordnung der Militärregierung eine Erklärung mit nachstehendem Wortlaut zu unterzeichnen:

Je soussigné . . . .
exclu de l'enseignement en tant que ex(1) ....
demande à être admis exceptionnellement à suivre les cours
de (2) ....

Je m'engage sur l'honneur à m'abstenir de toute activité politique et à me conformer loyalement aux règlements scolaires édictés dans la zone française d'occupation.

(1) indiquer la qualité qui a motivé l'exclusion
(2) indiquer le nom de l'école.

A.A.

W o h l e b .

Beglaubigt:
Weingartner

anders sein können!) militärisch. Obwohl absolut demokratisch aufgewachsen, staunte ich über die Möglichkeiten, die diese Form bot. Wenn man heute die z.T. ganz unmögliche Haltung ansieht, in der ein gutwilliger, aber schlecht erzogener Mensch vor dem Schulleiter mehr maulend als verhandelnd seine Sache vertritt, selten das Auge des Gesprächspartners sucht, womöglich sich auf seinen Schreibtisch zu setzen versucht, dann wird einem erst klar, wie eine straffe Haltung und ein gerader Blick dem Jugendlichen selber Sicherheit gibt und die - äußerlich anerkannte - Autorität in Wirklichkeit überwindet..." (W.L).

Wie bewerten die Schüler der Napola Reichenau im Abstand von fünfzig Jahren ihre damalige Schulzeit? Einige negative Äußerungen sind schon mitgeteilt worden, aber die überwiegende Zahl der befragten Schüler äußerte sich sehr positiv über diese Zeit. Die Bewertung reicht bis zu Vergleichen mit der amerikanischen Militärakademie Westpoint, "hohes Niveau", "hervorragende Pädagogen", "phantastischer Teamgeist", "vielleicht die schönste Zeit des Lebens", "viel Spaß", "ideale Bedingungen", "immer Programm", "als Auszeichnung empfunden". Die Lehrer wurden als besser eingeschätzt als die aus der Zeit nach 1945. Der nachgeborene Autor, der weniger durch seine Erziehung als durch Studium und Lehrtätigkeit zu einer klaren Einstellung gegenüber Ideologie und Praxis des Nationalsozialismus gelangt ist, gerät dadurch in ein gewisses Dilemma bei seinem Thema. Unter seinen Gesprächspartnern und Kontaktpersonen waren zwar auch nostalgische Anhänger der Waffen-SS, aber überwiegend eben sympathische, lebenserfahrene, auch erfolgreiche Männer, die alles andere als Nationalsozialisten geworden waren.

Ein Schüler, der aus einer sozialdemokratischen Familie stammte und später selber für die SPD in die Politik ging, sagte, er habe in der Reichenauer Napola-Zeit vor allem soziale Fähigkeiten und Gemeinschaftsdenken gelernt. Ein anderer Schüler aus einer sozialdemokratischen Familie, einer der wenigen Reichenauer, die noch Soldat geworden sind, schreibt: "Eigentlich habe ich nur positive Erinnerungen. Einzelne Lehrer ragten natürlich heraus, zu denen auch Hoffmann zählte. Geländedienst und Sport waren natürlich überaus beliebte Fächer, obwohl ich gerade im Sport für Reichenauer Verhältnisse eine "Flasche" war, wie Sportlehrer D. einmal feststellte. Negative Erinnerungen? Genau genommen keine. Disziplin habe ich nie als Belastung empfunden, im Gegensatz zu meinen Erfahrungen bei der Wehrmacht, wo Disziplin bei meiner Grundausbildung oft mit Kadavergehorsam verwechselt wurde. Natürlich gab es Lehrer, zu denen man in weniger gutem Verhältnis stand... Die ideologische Ausrichtung war nicht penetrant, und die militärische kam mir entgegen, da ich ohnehin Berufsoffizier bei der Kriegsmarine werden wollte. Ich hatte bei meiner Einberufung auch bereits alle erforderlichen Aufnahmeprüfungen bestanden... Rückblickend kann ich sagen, daß mich der Aufenthalt in Reichenau entscheidend geprägt hat. Die angelernte eiserne Disziplin hat mir immer wieder weitergeholfen. Ich möchte auch sagen, daß ich nirgendwo mehr über Demokratie gelernt habe als gerade auf der Napola. Und selbst im Sport habe ich , obwohl schlechter Schüler in Reichenau, dank der dort gelernten Tugenden noch eine achtbare Laufbahn bis hinauf zur höchsten Spitze durchgemacht... Ob ich in meinem Leben mehr erreicht hätte ohne die politische Hypothek, weiß ich nicht, es zählt heute auch nicht. Dank meiner Erziehung auf der Napola, an die ich mich wirklich gerne erinnere, konnte ich mich immer und überall behaupten." Und der Sohn eines Kommunisten antwortete auf die Frage nach positiven Eindrücken: "Positiv? Eigentlich alles. Von Rassenhaß und ähnlichem haben wir nichts gehört, jedenfalls nichts, was mir im Bewußtsein geblieben wäre. Für mich erfüllten sich lauter Träume: Kleidung, Bäder, Sport aller Arten, z.B. Tennisunterricht, Reiten, Bergsteigen, Klavierunterricht, Blaskapelle, Chorsingen, Werkunterricht. Können Sie sich vorstellen, was das für ein dreckiges Arbeiterkind bedeutete?... Geländespiele hatten für uns mehr mit Karl May als sonst was zu tun... Die Landschaft! Die Linden und Kastanienbäume, die Natur zu den verschiedenen Jahreszeiten! Kein Auto! Weihnachtsfeiern! Elly Ney hat gespielt."

Ein anderer Schüler schreibt: "Die Kameradschaft in unserem Zug war recht gut. Das alltägliche Zusammenleben förderte die Kompromißbereitschaft. Als Mensch, der nicht unbedingt auf den Morgen programmiert war, empfand ich den harten Frühsport als grausam. Der Sport und Geländedienst hat oftmals (nicht immer) Spaß gemacht. Man wurde gefordert, und man war stolz, wenn man gute Leistung gebracht hatte. Das Ideologische und Militärische hat man gar nicht so sehr mitbekommen. Das Ganze war doch nur ein Indianerspiel auf gehobenem Niveau."

Eine Schülerin von Illenau und Hegne bringt es auf den Punkt: "Meine Erinnerung an diese Zeit: abgesehen von der Kriegssituation und dem Verlust des Zuhauses eigentlich positiv. Zum einen wohl auf Grund der Altersstufe, so mit 14-15 Jahren ist man gerne in Clique, und durch die BDM-Freizeiten und -Lager war man mit diesem Lebensstil vertraut". Sie hatte nach dem Krieg keine Probleme beim Wiedereinstieg und hatte einen Vorsprung vor den Mitschülerinnen.

Insgesamt sind die Napola-Absolventen eher dem konservativen politischen Spektrum zuzurechnen, vor allem dann, wenn sie etwa in Rottweil lange Jahre auf dieser Schule waren und auch noch Flakhelfer oder sogar Soldat wurden. Manche Mitteilungen aus der Rottweiler Ecke verraten die gleiche Geisteshaltung 1995 wie vor 1945. Das gilt sicher weniger, wenn jemand als 10- bis 12jähriger ein bis zwei Jahre in Reichenau war. Man kann es nachvollziehen, daß Sport, Basteln, Geländespiel, Fahrten, die Uniform, das Elitäre usw. diese Altersgruppe sehr beeindruckten. Doch sollte man nicht aus dem Auge verlieren, wohin diese Ausbildung letztlich führen sollte, nämlich in Richtung einer militärisch-ideologischen Kaderschmiede, zu einem Gruppendrill ohne individuelle Entfaltung. Der Titel der Rottweiler Zeitschrift ("Im Gleichschritt") gibt dieses Ziel exakt wieder. Und insofern muß man froh sein, daß dieses pädagogische und politische Experiment 1945 endgültig zu Ende gegangen ist.

Auch auf die Napolas ist zu beziehen, was die Gruppe "Weiße Rose" in ihrem letzten Flugblatt im Februar 1943 nach der Katastrophe von Stalingrad zu verbreiten suchte: "In einem Staat rücksichtsloser Knebelung jeder freien Meinungsäußerung sind wir aufgewachsen. HJ, SA, SS haben uns in den fruchtbarsten Bildungsjahren unseres Lebens zu uniformieren, zu revolutionieren, zu narkotisieren versucht. "Weltanschauliche Schulung" hieß die verächtliche Methode, das aufkeimende Selbstdenken und Selbstwerten in einem Nebel leerer Phrasen zu ersticken. Eine Führerauslese, wie sie teuflischer und bornierter zugleich nicht gedacht werden kann, zieht ihre künftigen Parteibonzen auf Ordensburgen zu gottlosen, schamlosen und gewissenlosen Ausbeutern und Mordbuben heran, zur blinden, stupiden Führergefolgschaft. Wir "Arbeiter des Geistes" wären gerade recht, dieser neuen Herrenschicht den Knüppel zu machen."[51)]

Daß das Thema der Napola als größtes produktives, nicht destruktives Menschenexperiment der Nationalsozialisten noch nicht abgeschlossen ist, zeigt eine neuere psychologische Untersuchung, die das Fortleben dieser Erziehung in der Bundesrepublik untersucht. Die Autoren haben dabei nicht nur ehemalige Napola-Schüler befragt, sondern auch deren Kinder und Enkel und gelangen zu einer Generationengeschichte des Nationalsozialismus. Der "typische" Napola-Schüler hat sich nach dieser Untersuchung später so entwickelt: "Der ehemalige Napolaner ist ein ungläubiger Konservativer... Er ist nicht nur Optimist, wenn ihm der Erfolg dazu recht gibt, sondern er muß Optimist sein, also war und ist er erfolgreich. Die Pose des Siegers ist ihm selbstverständlich, zweite Natur, die ihm wie sein gut gebügelter Maßanzug makellos sitzt.

Man kann ihm nichts vormachen, er weiß, wie die Dinge laufen, und läßt andere Meinungen diskurs- und interesselos gelten. Ihm liegt nichts daran, mit seiner Selbstkontrolle Toleranz vorzutäuschen, aber er erwärmt sich auch nicht an gleicher Gesinnung. Er ist seinen Weg gegangen, als hätten ihn seine Anstrengungen nichts gekostet. Glück hat er weder gehabt noch gebraucht. Er hat um seine Selbsterhaltung gekämpft, ohne Zweifel an sich selbst und ohne Vertrauen in seine Umwelt. Auch als es nach dem Krieg bergauf ging, ließ ihn dieser zur Pflicht erhobene Instinkt, diese ungesellschaftliche Bewußtheit nicht los...

Die Arbeit füllt ihn vollständig aus. Er kann nicht sagen, daß ihm etwas fehle, und so kann ich es auch nicht. Eine Zeitlang haben seine Kinder versucht, ihn davon zu überzeugen, daß es auch noch etwas anderes als Arbeit gebe. Er hatte sie nicht recht verstanden. Nun sind sie schon lange erwachsen, und man versteht sich besser...

Die Familie ist ihm wichtig, ja unentbehrlich, er braucht die Bindung, durch die Liebe einen Platz erhält und eine Aufgabe wird. Es kommt ihm auf eine Homogenisierung der Lebensbereiche an. Gleichförmige Ordnung gewährt Übersichtlichkeit und ist die beste Voraussetzung für die Optimierung des Arbeitsvermögens...
Dem sozialstaatlichen Gedanken steht er zurückhaltend gegenüber. Wohlstand ist Sache der eigenen Leistung. Überhaupt wird dem Wohlstand in der Bundesrepublik Deutschland zuviel Bedeutung beigemessen. Er zieht, im Rahmen der Konventionen seines sozialen Milieus, das einfache Leben vor. Sinnlichen Freuden kann er nicht viel abgewinnen. Er genießt eher Macht im Betrieb und die Anerkennung des Vorstands..."[52] Ein erfolgreicher Manager einer westdeutschen Großfirma sieht als positive Erfahrungen seiner Napola-Zeit zum einen die Fähigkeit, sich jeder neuen Situation anpassen zu können, weiter die Fähigkeit, im Team zu arbeiten und Führungsaufgaben zu übernehmen, schließlich das strategische Denken, stets ein klares Ziel vor sich zu haben und die Spielregeln eines Betriebes zu beherrschen.

Das Erbe der Napola in der Erziehung der eigenen Kinder können elitäre Ideale sein, rigorose Erwartungen an die Kinder, strenges Kontaktreglement, Monopolansprüche gegenüber anderen Erziehungsmächten, Schutz- und Supermachtbestrebungen, die irgendwann kläglich scheitern, mangelnder Umgang mit Weiblichkeit, Unverständnis für individuelle Wünsche und Entwicklungen von Kindern. Für manche Ehemalige der Napola bedeutete der Wertewandel der 68er Jahre einen größeren Einbruch und Konflikt als der Umbruch von 1945, den sie nur als eine Anhäufung von Fehlern und Mißverständnissen sehen wollen.

Bildnachweis

Bodensee-Rundschau, 20. Juli 1943: S. 73 oben

M. Conradt, Festschrift Rottweil 1993 :S. 21 oben

75 Jahre PLK Reichenau 1988: Rückseite und S. 16.

H.J. Gamm, Führung und Verführung: S. 7

Stadtarchiv Konstanz, S IXa, Bd. 150: S. 93, S. 95

Alle übrigen Fotos: privat

Anmerkungen

1) Zitat aus: "Im Gleichschritt". Rundbrief der NPEA Rottweil, Heft 3/Februar 1941, Deutsche Bibliothek Leipzig. Nicht bei M. Domarus, Hitler. Reden und Proklamationen, Bd. II/1, 4. Aufl. München 1988.

2) Literatur: R. Eilers, Die nationalsozialistische Schulpolitik. Eine Studie zur Funktion der Erziehung im totalitären Staat, Köln 1963, S. 41-49. H. Scholtz, Unsere Jungen, in: Publikationen zu wissenschaftlichen Filmen, Bd. 1 D, Heft 3, Göttingen 1969, S. 285-302. Ders., NS-Ausleseschulen. Internatsschulen als Herrschaftsmittel des Führerstaates, Göttingen 1973. H. Ueberhorst, Elite für die Diktatur. Die Napolas 1933-45. Ein Dokumentarbericht, Düsseldorf 1969. E. Naake, Zur Theorie und Praxis in den Napolas und ähnlichen faschistischen "Eliteschulen", masch. Diss. Jena 1970. Ders., Die Heranbildung des Führernachwuchses im faschistischen Deutschland, in: Zeitschrift für Geschichtswissenschaft Bd. 21/1973, S. 181-195. H.J. Gamm, Führung und Verführung. Pädagogik des Nationalsozialismus, 3. Aufl. München 1990, S. 379-384. H. Bernett, Die Funktion des Sports im Erziehungssystem der Adolf-Hitler-Schulen, in: Kölner Beiträge zur Sportwissenschaft Bd. 10/11, 1981/82, S. 33 - 66.

3) Im Gleichschritt, Heft 13, November 1943. Die Beispiele mit dem Pferd und der Keilerei ebenfalls Rottweil, vgl. Frankfurter Zeitung, 4. Januar 1942.

4) Vgl. Inspekteur Heißmeyer an Reichsminister Dr. Lammers, 22. Oktober 1940: Bericht über die Arbeit der Nationalpolitischen Erziehungsanstalten, Bundesarchiv Koblenz, R 43 II, 956 b. R. Benze, Erziehung im Großdeutschen Reich. Eine Überschau über ihre Ziele, Wege und Einrichtungen, 3. erw. Aufl. Frankfurt 1943, S. 59-62.

5) E. Klee, "Euthanasie" im NS-Staat. Die "Vernichtung lebensunwerten Lebens", Frankfurt 1983, S. 340 f. Staatsarchiv Ludwigsburg, F 455, Nr. 1.

6) Wegweiser durch das höhere Schulwesen des Deutschen Reiches, Bd. 7/Schuljahr 1941, Berlin 1943, S. 2 f. Bd.8/Schuljahr 1942, Berlin 1944, S. 2 f. Rufach: Nationalpolitische Erziehungsanstalt. Reichsschule für Volksdeutsche Rufach/Achern, Kolmar 1941. Ueberhorst, S. 123-125, S. 435. Scholtz, S. 292. M.-J.Bopp, L'Alsace sous l'Occupation allemande 1940-1945, Le Puy 1945, S. 149. M Habay, G. Herberich-Marx, F. Raphael, L'identité-stigmate. L'extermination des malades mentaux et d'Asociaux alsaciens durant la seconde guerre mondiale, in: Revue des Sciences sociales de la France de l'Est Nr. 18, 1990/91, S. 40 f. S. Ellger-Rüttgardt, Außerhalb der Norm. Behinderte Menschen in Deutschland und Frankreich während des Faschismus, in: C. Berg und S. Ellger-Rüttgardt (Hg.), "Du bist nichts, Dein Volk ist alles". Forschungen zum Verhältnis von Pädagogik und Nationalsozialismus, Weinheim 1991, S. 88-104. Illenau: H. Schneider, Die ehemalige Heil- und Pflegeanstalt Illenau. Ihre Geschichte, ihre Bedeutung, in : Die Ortenau 61/1991, S. 231. Scholtz, S. 331 f.

7) Berichte über den Festakt von Backnang in der Zeitschrift "Im Gleichschritt", Heft 4/Mai 1941. Deutsche Bodensee-Zeitung, 23. April 1941. Stuttgarter NS-Kurier. Die Rede von Rust in: Deutsche Schulerziehung, Jg. 1941/42, Berlin 1943. S. 3-12. Im gleichen Band G.Skroblin, Die Nationalpolitischen Erziehungsanstalten, S. 211-218. Ferner A. Heißmeyer, Die Nationalpolitischen Erziehungsanstalten, Berlin 1938 (Vortrag im Oberkommando der Wehrmacht). Ders., Über die Nationalpolitischen Erziehungsanstalten, in: Der Altherrenbund. Amtliches Organ des NS-Altherrenbundes der deutschen Studenten, Februar 1939.

8) Welt am Sonntag, 14. Februar 1988. Kritischer Schülerbericht: J. Martini, Meine Schulzeit in der Napola, in: J.v.Freyberg u.a., "Wir hatten andere Träume" . Kinder und Jugendliche unter der NS-Diktatur, Frankfurt 1995, S. 51-54.

9) Vgl. Der Spiegel, 18.9.1995. Interview mit Tournier in: Evangelische Kommentare 9/1995.

10) Generallandesarchiv Karlsruhe 235 (Kultusministerium), Nr. 35344 und Nr. 35391. Archiv PLK Reichenau: Akte Bezirksbauamt Konstanz, Auflösung der Heil- und Pflegeanstalt. H. Faulstich, Von der Irrenfürsorge zur "Euthanasie". Geschichte der badischen Psychiatrie bis 1945, Freiburg 1993, S. 258 f. 75 Jahre Psychiatrisches Landeskrankenhaus Reichenau 1913-1988, Konstanz 1988.

11) in: L. Steinbach, Ein Volk, ein Reich, ein Glaube? Ehemalige Nationalsozialisten und Zeitzeugen berichten über ihr Leben im Dritten Reich, Bonn 1983, S. 158.

12) R. Wagner, Mehr sein als scheinen. Vier Jahre Jungmann in der NPEA Rottweil, Ms. 1992, S. 101.

13) O. Schäfer, Ziel und Gestalt der nationalpolitischen Erziehungsanstalten, in: Nationalsozialistisches Bildungswesen 7/1942, S. 24.

14) Im Gleichschritt, Heft 5/August 1941. Zur Aufnahme für 1942 in Reichenau und Rufach vgl. "Die Bodensee-Rundschau" vom 9. Dezember 1941. Merkblätter: Stadtarchiv Konstanz, S IX a, Bd. 156.

15) M. Conradt, Vom Königlich Württembergischen Lehrerseminar zum Staatlichen Aufbaugymnasium des Landes Baden-Württemberg, Rottweil 1993, S. 31-49. Zu Backnang vgl. G. Heinz, Backnang von 1933 bis 1939, in: Backnanger Jahrbuch 3/1995, S. 140-144. W. Gschwend. Die nationalpolitische Erziehungsanstalt in Backnang, in: Aus Unterricht und Forschung Bd. 6/1934, S. 65-70. C. Sidgwick, German Journey: To Backnang!, in: Internationale Zeitschrift für Erziehung, Jg. 1937, S. 170-173. P. Meuer, Linien des Lebens. Eine Kindheit und Jugend im Schwäbischen und anderswo, Stuttgart 1991, S. 126 - 130.

16) R. Wagner, Mehr sein als scheinen. Vier Jahre Jungmann in der NPEA Rottweil, Ms. 1992.

17) Staatsarchiv Ludwigsburg, F 455, Napola Backnang, Nr. 8.

18) Staatsarchiv Ludwigsburg, E 202, Ministerialabteilung für die Höheren Schulen, Napola-Akten, Bd. 1745 und 1747. Amtsblatt des württembergischen Kultministeriums 29/1936, S. 239-251.

19) Auch in Festschrift Rottweil 1993.

20) Prospekt 1938, auch bei L. Steinbach, 1983, S. 126.

21) Staatsarchiv Ludwigsburg, E 202, Bd. 1747.

22) Im Gleichschritt, Heft 3, Februar 1941.

23) R. Wagner, S. 123.

24) R. Wagner, S. 94.

25) Im Gleichschritt, Heft 4/Mai 1941.

26) Im Gleichschritt, Heft 1/1940.

27) Im Gleichschritt, Heft 14/Januar 1944.

28) Amtsblatt 33/1940, S. 303 f.

29) Tiefbauamt Konstanz, 2. März 1942, Stadtarchiv Konstanz S II 17679.

30) Im Gleichschritt, Heft 10/November 1942.

31) Im Gleichschritt, Heft 9/August 1942. Sehr ausführlich und positiv über den Bergwerkseinsatz R. Wagner, S. 145-161.

32) Im Gleichschritt, Heft 10/November 1942.

33) Scholtz, S. 155.

34) Im Gleichschritt, Heft 11/Februar 1943. Bodensee-Rundschau Konstanz, 1. Februar 1943.

35) Schöne Tage in Ratswyl, Stuttgart 1988. Erhoffter Jubel über den Endsieg. Tagebuch eines Hitlerjungen 1943-1945, Sigmaringen 1996, S. 298 -313.

36) Vgl. FAZ, 2. November 1985, Bericht über ein Klassentreffen in Plön.

37) Stadtarchiv Konstanz, S IXa, Bd. 156.

38) Im Gleichschritt, Heft 17A, November 1944.

39) W. Runge, Die Deutschen Heimschulen, in: Deutsche Schulerziehung 1941/42, Berlin 1943, S. 219-223. Scholtz, S. 283-298. Über Salem zuletzt: Schule Schloß Salem. Chronik, Bilder, Visionen, Salem 1995, S. 95-97. R. Poensgen, Die Schule Schloß Salem im Dritten Reich, in: Vierteljahrshefte für Zeitgeschichte Bd. 44/1996, S. 25-54. Die Zeitschrift "Im Gleichschritt" enthält keine Hinweise, daß Salemer Klassen nach Rottweil abgegeben wurden.

40) "Alles für Deutschland". Mitteilungen der Napola Hubertendorf-Türnitz, Heft 6/August 1943, Österreichische Nationalbibliothek Wien. Erinnerungen Frau Dr. Wevers.

41) Archiv des PLK Reichenau: Akte Bezirksbauamt Konstanz, Auflösung der Heil- und Pflegeanstalt, 15. Dezember 1943. S.J. Egenhofer, Allensbacher Almanach 1995.

42) O. Schäfer, S. 29.

43) H. Zimmermann, Fleißige Mädel - tüchtige Frauen. Weibliche Jugend in der nationalpolitischen Erziehungsanstalt, in: Deutsche Zeitung in der Schweiz, Bern 16. Mai 1942, Schweizerisches Sozialarchiv Zürich.

44) Neue Zürcher Zeitung Nr. 1011, 26.6.1942. Ueberhorst, S. 99 f. Berichte Heißmeyer vom 19.9. und 2.10.1944, Ueberhorst, S. 421-425.

45) Stadtarchiv Konstanz, S II 4136. Ueberhorst, S. 177.

46) Archiv PLK Reichenau, Barausgaben-Hauptbuch der NPEA, 1943-1945. Vgl. O. Raggenbass, Trotz Stacheldraht. 1939-1945. Grenzland am Bodensee und Hochrhein in schwerer Zeit, Konstanz 2. Aufl. 1985, S. 47.

47) Staatsarchiv Ludwigsburg, E 202, Bd. 1749. Ueberhorst S. 421 f.

48) Vgl. C. Buchwald, Die Reichenau im Sommer 1945. Erholung für KZ-Häftlinge aus Dachau - Evakuierung der Einwohner, Konstanz 1994. A. Moser, Die andere Mainau 1945. Paradies für befreite KZ-Häftlinge, Konstanz 1995. Bericht des Emmendinger Anstaltsdirektors Dr. Thumm vom 17.8.1948, Archiv Faulstich.

49) Stadtarchiv Konstanz S IXa, Bd. 150, und Archiv des Suso-Gymnasiums Konstanz.

50) Meuer, S. 195.

51) R. Lill (Hg.), Hochverrat? Die "Weiße Rose" und ihr Umfeld, Konstanz 1993, S. 207.

52) C. Schneider, C.Stillke, B.Leineweber, Das Erbe der Napola. Versuch einer Generationengeschichte des Nationalsozialismus, Hamburg 1996, S. 137 f.

Schriftenreihe des Arbeitskreises Regionalgeschichte Bodensee e.V.

Nr. 1: Gert Zang, **Das neue Konstanz**. Die Anfänge der Sozialdemokratie im Konstanz der liberalen Ära (1869-1878), 88 S., Konstanz 1980, Neuauflage 1998.

Nr. 2: Faden / Jansen / Reith / Ripp, **Wohnen in der Niederburg.** Jahrhundertwende und Gegenwart, 46 S., Konstanz 1980.

Nr. 3: Eckhardt Friedrich / Dagmar Schmieder (Hg.), **Die Gailinger Juden**, 126 S., Konstanz 1981, 5.erw. Aufl. 2023, ISBN 978-3-86628-347-4 im Hartung-Gorre Verlag.

Nr. 4: Dieter Petri, **Die Tiengener Juden**, 172 S., 2. Aufl. Konstanz 1984.

Nr. 5: Arnulf Moser, **Die Grenze im Krieg.** Austauschaktionen für Kriegsgefangene und Internierte am Bodensee 1944/45, 144 S., Konstanz 1985.

Nr. 6: Gert Zang, **Die unaufhaltsame Annäherung an das Einzelne**. Reflexionen über den theoretischen und praktischen Nutzen der Regional- und Alltagsgeschichte, 140 S., Konstanz 1985.

Nr. 7: Regina Schmid, **Verlorene Heimat.** Gailingen - ein Dorf und seine jüdische Gemeinde in der Weimarer Zeit, 225 S., Konstanz 1988

Nr. 8: Gert Zang (Hg.), **Arbeiterprovinz Singen 1895-1933**. Alltag, Politik und Kultur zwischen Kirchturm und Fabrikschornstein. Singen 1895-1933, 2 Bde., 1394 S., Konstanz 1989.

Nr. 9: Dieter Schott / Wemer Trapp (Hg.), **Seegründe.** Beiträge zur Geschichte des Bodenseeraumes, 398 S., Weingarten 1984.

Nr. 10: Dieter Schott, **Die Konstanzer Gesellschaft 1918-24.** Der Kampf um Hegemonie zwischen Novemberrevolution und Inflation, 580 S., Konstanz 1989.

Nr. 11: Erwin Reisacher, **Steinige Wege am See.** Erinnerungen eines Gewerkschaftssekretärs und Kommunalpolitikers, 253 S., Konstanz 1994.

Nr. 12: Arnulf Moser, **Die Napola Reichenau.** Von der Heil- und Pflegeanstalt zur nationalsozialistischen Eliteerziehung (1941-1945), 110 S., Konstanz 1997. 2. Aufl. 2014, 3. Auflage 2024. ISBN 978-3-86628-501-9 im Hartung-Gorre Verlag

Nr. 13: Max Porzig, **Wort - Welten in der Arbeiterprovinz.** Erzählungen und Gedichte des Arbeiterschriftstellers Max Porzig 1879-1948, 146 S., Konstanz 1998.

Nr. 14: Stefan Kitzmann, **Gegen das Vergessen** - Denkmäler fiir die Opfer des Nationalsozialismus in Konstanz, 76 S., Konstanz 2008.

Arbeitskreis Regionalgeschichte Bodensee e.V.

Die Initiative zur Gründung ging 1978 von dem im Fach Geschichte an der Universität Konstanz bestehenden Forschungs- und Arbeitsschwerpunkt "Regionale Sozialgeschichte des 19. und 20. Jahrhunderts" aus. Vordringliches Anliegen war es, ein Forum für die Diskussion und den Austausch zwischen historisch interessierten Laien und Historikern zu bilden. Es sollten hier Bedürfnisse artikuliert, Probleme der einzelnen Arbeitsfelder diskutiert und Hilfestellungen angeboten werden. Ziel ist es, Geschichte nicht nur passiv zu konsumieren, sondern durch eigene Tätigkeit zu erarbeiten. Diese Zusammenarbeit erwies sich z. B. bei der Veröffentlichung der Broschüren "Wohnen in der Niederburg", "Die Gailinger Juden" und zuletzt "Gegen das Vergessen - Denkmäler für die Opfer des Nationalsozialismus in Konstanz" als sehr fruchtbar. Daneben richtete der Arbeitskreis seine Öffentlichkeitsarbeit in Presse, Versammlungen, Vorträgen und Schriften an eine breitere Öffentlichkeit, in der ein stärkeres historisches Interesse und ein Bewusstsein für historische Veränderungen, aber auch für die Geschichtlichkeit unserer Gegenwart geweckt werden sollte. Ein besonderer Schwerpunkt war die Aufarbeitung der NS-Zeit.

Der Arbeitskreis will

- dem Alltagsleben mit seinen Verbindungen nachspüren und dem Bild entgegenarbeiten, dass "Politik" nur jenseits des individuellen Lebens stattfindet, der Alltag und die Menschen aber immer gleich bleiben
- die wirtschaftlichen, sozialen und ökologischen Veränderungen, die insbesondere die Industrialisierung mit sich brachte, für unseren Raum erfassen
- die Wechselwirkungen in der Entwicklung von Zentrum und Region aufzeigen und die bisherige Trennung in lokale und große Geschichte überwinden.

Kontaktadresse. Dr. Gert Zang
Untere Rheinstraße 8
78479 Reichenau

E-Mail: gert.zang@hotmail.com

Weitere Buchtitel zur Geschichte der Bodenseeregion

Carola Buchwald, Sonja Klug, Christiane Rudolf, Sabine Rückert, Maria Gaetana Tarallo, Anja Wurz und Dr. Arnulf Moser
Die Reichenau im Sommer 1945.
Erholung für KZ-Häftlinge aus Dachau. Evakuierung der Einwohner
3. Auflage 2024, 116 Seiten. € 19,80. ISBN 978-3-86628-552-1

Arnulf Moser, **Die andere Mainau 1945**. Paradies für befreite KZ-Häftlinge. 1. erweiterte und überarbeitete Auflage 2020 der 1995 im UVK erschienenen Erstauflage. 172 Seiten. € 19,80, ISBN 978-3-86628-664-1

Arnulf Moser, **Der Zaun im Kopf.**
Zur Geschichte der deutsch-schweizerischen Grenze um Konstanz.
1. erweiterte und überarbeitete Auflage 2011 der 1992 im UVK erschienenen Erstauflage, 2. unveränderte Auflage 2014.
200 S., € 14,80, ISBN 978-3-86628-362-6

Sabine Bade, Roland Didra: **Es konnte alle treffen.** Gedenkbuch für die Konstanzer Opfer von NS-Zwangssterilisation und „Euthanasie"-Verbrechen 1934–1945. Mit einem Vorwort von Aleida Assmann.
1. Auflage 2024, 176 Seiten, € 24,80. ISBN 978-3-86628-803-4

Erhard Roy Wiehn (Hg.), **Ständig in Angst gelebt.** Else Büchler über ihr Leben als Jüdin während der NS-Zeit in Konstanz 1930-1945
Mit einem Vorwort von Uwe Brügmann.
1. Aufl. 2019; 2. Aufl. 2024. 52 Seiten. € 14,80. ISBN 978-3-86628-647-4

Klaus Oettinger, **Um eine freisinnige Kirche ringend.** Katholische Priester im 19. Jahrhundert. Wessenberg und die Wessenbergianer
1. Aufl. 2023, 160 Seiten, € 29,80. ISBN 978-3-86628-804-1

Eckhardt Friedrich / Dagmar Schmieder (Hg.), **Die Gailinger Juden**,
5. erw. Aufl. 2023, 1981[1], 126 Seiten,. € 14,80. ISBN 978-3-86628-347-4

Stanisław Dygat, **Bodensee.** Roman über den polnisch-englisch-französischen Mikrokosmos während der Internierung in Konstanz 1940
Vorwort von Hans-Christian Trepte, Nachwort von Arnulf Moser
Deutsche Erstauflage 2022; 276 Seiten, € 24,80. ISBN 978-3-86628-750-1